lonely planet

DE CERCA
LAS VEGAS

Ashley Harrell

Sumario

Arriba: Golden Gate Hotel & Casino (p. 144).
Abajo: fuentes del Bellagio (p. 48).

Puesta a punto 4

Explora Las Vegas 43

Guía práctica 165

DESDE ARRIBA IZDA.: MARTY CASTROGIOVANNI/SHUTTERSTOCK, LUCKY-PHOTOGRAPHER/SHUTTERSTOCK

★ Imprescindible

El viaje empieza aquí

Un cálido día de verano estaba apostada en una mesa de *blackjack* al aire libre en el Golden Nugget, en Downtown, Las Vegas. Aún tenía el bikini mojado de tirarme por un tobogán de agua y atravesar un tanque lleno de tiburones. El sol me calentaba la piel, estaba tomando piña colada y, con la última carta del crupier, llegué a 21. La alegría me invadió, y aunque luego perdí lo ganado y algo más, me da igual. Con todas las formas ingeniosas, extravagantes y en constante evolución que Las Vegas usa para hacer realidad nuestros sueños, merece nuestro dinero.

Ashley Harrell *@where_smashley_went*
Ashley es una periodista ubicada en California que escribe sobre viajes, actividades al aire libre y Las Vegas. Es coautora de más de 50 guías Lonely Planet de más de 17 países.

Golden Nugget (p. 136).
TRAVELVIEW/SHUTTERSTOCK

GOLDEN NUGGET
FREE SHUTTLE

LO MEJOR

Casinos

Los visitantes acuden en masa a Las Vegas para empaparse del lujo de los mayores y más atrevidos hoteles-casino del mundo, donde las apuestas son solo el principio y los límites no existen.

Reposar en la opulencia del **Bellagio,** el hotel más caro del mundo cuando se inauguró en 1998. (p. 48)

Explorar los elegantes **casinos del Wynn y el Encore,** maravillas de la arquitectura moderna que elevaron el listón del diseño en Las Vegas. (foto; p. 76)

Pasear por el **Cosmopolitan,** posiblemente el mejor resort del Strip, con un vestíbulo fantástico y divertidas obras de arte. (p. 63)

Deslizarse por una piscina con tiburones y divertirse con juegos de mesa en el lugar más elegante de Downtown, el **Golden Nugget.** (p. 136)

Hacer un crucero a la luz de la luna por los canales del **Venetian** o admirar las *boutiques* y canales interiores del Grand Canal Shoppes. (foto; p. 71)

Admirar las fuentes y el enorme Colosseum, homenaje de Las Vegas a la decadencia de la antigua Roma: el **Caesars Palace.** (p. 90)

Dcha.: Caesars Palace (p. 90).

CAESARS PALACE

LO MEJOR

Gastronomía

Los visitantes de Las Vegas buscan experiencias gastronómicas cada vez más sofisticadas, ya sean bufés de lujo, zonas de restaurantes exclusivos, locales de renombre o cenas con espectáculo. Con tal variedad, hasta el más exigente quedará plenamente satisfecho.

Descubrir el significado de "restaurante psicodélico italoamericano" en **Superfrico,** en el Cosmopolitan. (p. 65)

Ver y ser visto en el **Delilah** del Wynn, un club de cenas moderno y elegante que recibe visitas de estrellas. (p. 97)

Deleitarse con el pollo asado en un lujoso comedor privado con 20 000 libros en **NoMad Library.** (foto; p. 97)

Disfrutar de los mejores platos tailandeses del norte en esta preciosa sucursal de **Lotus of Siam.** (p. 112)

Visitar **Block 16,** una de las muchas zonas de restaurantes de Las Vegas, para probar una sublime cocina antes de buscar un bar clandestino. (p. 97)

Participar en un clásico bufé ilimitado de patas de cangrejo real, *sushi* y *dim sum* en el **Bacchanal Buffet** del Caesars Palace. (foto; p. 96)

Dcha.: Block 16 (p. 66).

DESDE LA IZDA.: KEVIN MAZUR/GETTY IMAGES, RITU MANOJ JETHANI/SHUTTERSTOCK, THE IMAGE PARTY/SHUTTERSTOCK

LO MEJOR

Experiencias inmersivas

Con museos, salas de conciertos y todo un centro comercial dedicado al arte inmersivo, Las Vegas es líder mundial en esta nueva y fascinante forma de ocio que transporta al público y a sus sentidos a otro lugar.

Descubrir un supermercado muy inusual con portales a otras dimensiones en el epicentro de las experiencias inmersivas de Las Vegas, **AREA15.** (foto; p. 120)

Disfrutar de un concierto o una película en **Sphere,** donde la mayor pantalla LED envolvente del mundo (además de aromas, vibraciones, niebla y viento) secuestra los sentidos. (p. 72)

Ver proyecciones, paisajes sonoros y espectáculos de luces interactivos mientras se cena en **Xpot.** (p. 98)

Sentir como si se flotara durante **FlyOver Las Vegas,** una simulación de vuelo por paisajes emblemáticos. (p. 85)

Viajar a la época de la música *disco* con la ropa apropiada y participar en el híbrido de fiesta de baile y *performance* de **'DiscoShow',** en LINQ. (p. 93)

Tomar cócteles en el maravilloso mundo helado de **Minus5 Ice Bar,** donde todo, paredes, asientos y vasos incluidos, es de hielo. (foto; p. 62)

DESDE LA IZDA.: THE IMAGE PARTY/SHUTTERSTOCK, AMY CICCONI/ALAMY

LO MEJOR

Clásicos de Las Vegas

En una ciudad donde se derriban edificios en perfecto estado sin motivo, es un placer visitar los clásicos que han logrado perdurar y conservan el encanto de la vieja Las Vegas.

Dejarse transportar a los primeros días de la ciudad en casinos a la vieja usanza como el **Golden Nugget** y **El Cortez.** (p. 136)

Ir al **Neon Museum** tras la puesta de sol para ver los carteles iluminados que colgaban en propiedades que ya no existen. (p. 144)

Explorar el **Commercial Center,** donde Elvis compró el anillo de bodas de Priscilla y donde se reunía el Rat Pack. (p. 106)

Tomar un cóctel en el bar independiente en funcionamiento continuo más antiguo de Downtown, el **Atomic Liquors.** (p. 148)

Viajar en tren a **Boomtown 1905,** cuyo paisaje urbano recreado cuenta la historia de los primeros 15 años de la ciudad. (p. 119)

Visitar el **Golden Steer,** el fabuloso y antiguo asador de carnes donde cenaron Marilyn Monroe y Elvis. (p. 97)

Neon Museum (p. 144).

LO MEJOR

Ocio en vivo

En Las Vegas, los hoteles-casino compiten ostentosamente para atraer clientes con producciones descomunales, espectáculos de magia desconcertantes, comedia desenfrenada y cabarets burlescos. Casi todos los espectáculos son caros pero valen la pena, aunque algunos son gratuitos.

Hay que ver el impresionante **'O'** del Cirque du Soleil, un espectáculo acuático en el Bellagio que cuenta con un elenco impresionante. (p. 51)

Alternar entre risas desternillantes y asombro total en **'Absinthe',** de Spiegelworld, un espectáculo de variedades sin igual solo para adultos. (foto; p. 93)

Sorprenderse con las impresionantes imágenes y tecnología vanguardista de **'Awakening'** en el Wynn. (p. 79)

Disfrutar en el Rio de la magia en constante evolución de un famoso mago parlanchín y su silencioso compañero, **'Penn & Teller'.** (p. 124)

Ver un espectáculo de primera en uno de los lugares más solicitados de Las Vegas, el **Colosseum** (4100 butacas de aforo), en el Caesars Palace. (foto; p. 90)

Ahorrar dinero para las tragaperras y adorar al Rey en el gratuito y legendario espectáculo **'Big Elvis'** en el Piano Bar del Harrah's Las Vegas. (p. 94)

Dcha.: Bellagio (p. 48).

BELLAGIO

LO MEJOR

Tratamientos de bienestar

Cuando uno necesite un respiro de tanta acción y emoción, puede retirarse a uno de los *spas* de los resorts para un tratamiento relajante o un circuito de baños de agua fría y caliente.

Participar en antiguos rituales de baños romanos en el **Qua Baths & Spa** del Caesars Palace, y visitar luego la sala de hielo ártico. (p. 90)

Pasear por pasillos adornados con lámparas de Oriente Próximo, y sumergirse en las piscinas del **Spa at Encore.** (p. 77)

Rejuvenecer en el **Sahra Spa** del Cosmopolitan con terapias inspiradas en el desierto y un *hamam.* (p. 65)

Probar el circuito de bienestar de hidroterapia en el **Canyon Ranch Spa** del Venetian, con una gruta de sal y una sala de olas. (p. 74)

Disfrutar de técnicas de Aufguss por un maestro de la sauna en el **Awana Spa** de Resorts World. (p. 40)

Ir al **Lapis Spa** de Fontainebleau, donde tradiciones antiguas conviven con la alta tecnología. (p. 40)

Spa at Encore (p. 77).

ATELIER510/SHUTTERSTOCK

LUCKY-PHOTOGRAPHER/SHUTTERSTOCK

LO MEJOR

Vistas

Para apreciar totalmente el magnífico perfil iluminado de Las Vegas contra el horizonte solo hay que subir a lo alto. Ya sea desde un taburete de bar, una montaña rusa o un helicóptero.

Volar sobre el Strip con **Maverick Helicopters** en un viaje de 12 min llenos de adrenalina. (p. 85)

Subirse a las **emocionantes atracciones de The Strat,** suspendidas a más de 100 pisos de altura sobre el Strip. (p. 86)

Disfrutar de la vista de moda desde el **Ghostbar,** en la 55ª planta del Palms, con un cóctel artesanal en la mano. (foto; p. 124)

Cenar en **VooDoo Steak,** en el Rio, donde los platos se acompañan de vistas impresionantes. (p. 127)

Ir a Downtown a disfrutar de panorámicas de la ciudad, cócteles increíbles y baile hasta altas horas de la madrugada en el **Legacy Club,** en la azotea del Circa. (p. 148)

Tomar un ascensor hasta lo alto de la parisina **Torre Eiffel** o una cena elegante en el restaurante homónimo a mitad de camino. (foto; p. 67)

DESDE LA IZDA.: LITTLE VIGNETTES PHOTO/SHUTTERSTOCK, LUCKY-PHOTOGRAPHER/SHUTTERSTOCK

LO MEJOR

Deportes

Ahora que las apuestas deportivas son legales en casi todo Estados Unidos, Las Vegas ha surgido como una capital del deporte, con nuevos estadios y frecuentes eventos multitudinarios.

Ver un partido de los Raiders de la NFL en el **Allegiant Stadium,** uno de los estadios deportivos más nuevos de la ciudad. (p. 85)

Contemplar boquiabierto los coches de carreras durante el **Gran Premio de Las Vegas** de Fórmula 1 (foto) y los fines de semana de la **NASCAR** en Las Vegas Motor Speedway. (p. 86)

Ver fútbol el lunes por la noche en bares como **Flanker Kitchen + Sports Bar** (p. 55) y **George Sportsmen's Lounge.** (p. 127)

Hacer apuestas en el **Circa Resort & Casino,** sede de la mayor casa de apuestas deportivas del mundo, y ver el juego en el Stadium Swim del mismo resort. (p. 145)

Animar a los Vegas Golden Knights en el **T-Mobile Arena** y sumergirse en la emoción de la NHL en vivo. (foto; p. 85)

Asistir en diciembre a concursos de ropa del Oeste y de vaqueros, en el **Thomas & Mack Center.** (p. 109)

Dcha.: Allegiant Stadium (p. 85).

DESDE LA IZDA.: CRISTIANO BARNI/SHUTTERSTOCK, CERI BREEZE/SHUTTERSTOCK, KATHERINE CAREY/SHUTTERSTOCK

allegiant stadium

ARTYOORAN/SHUTTERSTOCK

Miracle Mile Shops (p. 99).

LO MEJOR

Compras

Las compras en Las Vegas van de lo sublime a lo estrambótico, y hay casi cualquier lujo imaginable. Eso sí, todo tiene un precio.

Buscar productos con descuento en **Las Vegas North Premium Outlets,** no lejos del Strip. (p. 149)

Si sobra el dinero, se puede derrochar en **Shops at Crystals,** el centro comercial más llamativo del Strip. (p. 99)

Buscar recuerdos y otros artículos peculiares en American Costumes en el poco convencional **Commercial Center.** (p. 106)

Comprar compulsivamente en **Miracle Mile Shops,** casi 2 km de tiendas de ropa urbana, joyas y regalos. (p. 99)

Adquirir arte local en el moderno **Downtown Container Park,** construido con contenedores de carga y cubos con estructura de acero. (p. 149)

Recorrer el inmersivo **Omega Mart** de AREA15 en busca de recuerdos novedosos. (p. 127)

LO MEJOR

Actividades al aire libre

Aunque Las Vegas no tenga muchos espacios verdes, más allá de las deslumbrantes luces se encuentran magníficas extensiones de esplendor natural.

Nadar, montar en kayak o en barco en la **Lake Mead National Recreation Area,** a menos de 1 h de Las Vegas. (p. 158)

Explorar el **Grand Canyon National Park** a pie, en mula o en balsa. (p. 150)

Recorrer en coche o en bicicleta un circuito panorámico de 21 km con vistas de la espectacular **Red Rock Canyon National Conservation Area.** (p. 128)

Hacerse una idea de cómo era la vida en el desierto de Mojave en el restaurado **Old Las Vegas Mormon Fort State Park.** (p. 144)

Viajar a través del tiempo en la **Springs Preserve,** con amplios jardines de desierto. (p. 118)

Viajar por carretera al **Death Valley National Park** para ver paisajes desérticos surrealistas y el punto más bajo de Norteamérica. (p. 160)

Red Rock Canyon National Conservation Area (p. 128).

KYLE STEFAN/SHUTTERSTOCK

LO MEJOR

Piscinas

Hay que probar todas las piscinas de los omnipresentes resorts de Las Vegas, ya sea en fiestas diurnas llenas de energía o solo para relajarse y refrescarse.

Visitar la 'playa' del **Mandalay Bay,** con 2700 toneladas de arena importada, olas artificiales y un río lento. (p. 53)

Mezclarse con la gente guapa en las piscinas de agua salada de **Wet Republic,** en el MGM Grand, con un cóctel de frutas en la mano, al ritmo de la música electrónica. (foto; p. 90)

Relajarse en un nenúfar enorme en el elegantísimo **Beach Club** del Encore o descansar en una cabaña con *jacuzzi* privado mientras pinchan los DJ. (p. 98)

Ir de fiesta al popular **Marquee** del Cosmo, con cabañas y bungalows VIP y una terraza con vistas al Strip. (foto; p. 98)

Relajarse en la piscina del **Golden Nugget,** donde se puede admirar su tanque de tiburones de 757 m^2 o incluso deslizarse por él. (p. 136)

Asistir a la fiesta LGTBIQ+ en piscina más longeva de Las Vegas, **Temptation Sundays,** que se celebra semanalmente en el Luxor. (p. 99)

Dcha.: Mandalay Bay (p. 53).

DESDE LA IZDA.: THE IMAGE PARTY/SHUTTERSTOCK, KOBBY DAGAN/SHUTTERSTOCK, STEVE BOICE/SHUTTERSTOCK

LO MEJOR

Vida nocturna

El ambiente de bebidas y vida nocturna de Las Vegas suele ser refinado y costoso, aunque hay lugares más informales, sobre todo en Downtown y más allá del Strip.

Disfrutar de un cóctel potente y ver puestas de sol increíbles sobre las Spring Mountains desde el **Skyfall Lounge.** (foto; p. 98)

Disfrutar de una cerveza de barril y socializar con otros viajeros bajo la Torre Eiffel en el **Beer Park,** que domina las fuentes del Bellagio. (p. 67)

Recorrer **Fremont Street Experience** (p. 144), en Downtown, y visitar luego **Commonwealth** (p. 148) con sus reservados y terraza en la azotea.

Asistir a las fiestas de madrugada en el **Drai's Beachclub & Nightclub,** conocido por su increíble carta de bebidas y las visitas de famosos. (p. 98)

Hacer un recorrido de bares por el Arts District y visitar numerosas cervecerías pero también locales como **Velveteen Rabbit** (foto) y **ReBAR.** (p. 148)

Asistir a un espectáculo *drag* en **Gipsy** y lucir palmito en **Piranha,** para disfrutar de una noche animada en la zona LGTBIQ+ de Fruit Loop. (p. 113)

Dcha.: El Strip (p. 45).

MGM

LO MEJOR

Museos

Las Vegas ofrece buenos museos, una alternativa enriquecedora al juego y las compras. Los visitantes pueden explorar el arte, la historia y la cultura de la ciudad, para entender mejor su excepcional evolución.

Caminar entre algunos de los carteles de neón más emblemáticos de Las Vegas y descubrir qué relación tienen con la historia de la ciudad en el **Neon Museum.** (p. 144)

Explorar exposiciones interactivas sobre el crimen organizado y visitar un bar clandestino en el sótano del **Mob Museum.** (foto; p. 134)

Tocar instrumentos de rockeros famosos, buscar recuerdos e incluso hacerse un tatuaje en el **Punk Rock Museum.** (p. 145)

Ver un mamut colombiano disecado y el fósil del estado de Nevada (un ictiosaurio) en el **Nevada State Museum** en la Springs Preserve. (p. 119)

Aprender sobre el programa de desarrollo de armas nucleares de EE UU en el **National Atomic Testing Museum.** (foto; p. 104)

Pasear por los pasillos del **Las Vegas Natural History Museum** para ver una maqueta de un tiranosaurio rex de 10 m, entre otras curiosidades. (p. 145)

DESDE LA IZDA.: FOTOS593/SHUTTERSTOCK, KIT LEONG/SHUTTERSTOCK

Lo mejor para niños

Visitar un dragón de Komodo, cocodrilos y unas cuantas pirañas en el **Shark Reef Aquarium** del Mandalay Bay. (p. 53)

Hacer que los niños se diviertan en lo alto de **The Strat** con atracciones que disparan la adrenalina (los mayores, mientras, pueden disfrutar de las vistas con un cóctel). (p. 84)

Llevar a los niños a un espectáculo familiar del Cirque du Soleil. **'Mystère'** (p. 93) es para todas las edades, mientras que **'Kà'** (p. 92) y **'Michael Jackson ONE'** (p. 55) son divertidos para niños a partir de cinco años.

Aprender sobre la historia natural y humana de Las Vegas y pasar tiempo al aire libre en la **Springs Preserve.** (p. 118)

Llevar a los niños aficionados a los videojuegos a **HyperX Arena,** un complejo de varias plantas y 2787m^2 en Luxor. Incluso pueden ganar premios. (p. 88)

Lo mejor gratis

Admirar los ostentosos arreglos florales instalados con grúas en el **Bellagio Conservatory & Botanical Gardens** y quedarse al espectáculo de las famosas **fuentes del Bellagio.** (p. 48)

Pasear por **Fremont Street Experience,** un centro comercial peatonal de cinco edificios coronado por un dosel de acero y lleno de luces controladas por ordenador. (p. 144)

Pasear por el **Arts District** en First Friday para ver gratis una amplia variedad de obras, a menos que uno se enamore de algo y lo compre. (p. 131)

Ver el espectáculo de fuego nocturno en el **Downtown Container Park,** y explorar el complejo al aire libre de varias plantas construido con contenedores de carga reciclados. (p. 149)

Ir directo al dinámico espectáculo **'Big Elvis',** a cargo de Pete Vallee, en el Piano Bar del Harrah's Las Vegas. (p. 94)

Tres días perfectos

Hay que llegar descansado: Las Vegas requiere toda la energía. Si la estancia dura más de un par de días, se puede tomar con más calma.

Bar Chandelier, Cosmopolitan (p. 63).

DESDE LA IZDA.: ANTARES_NS/SHUTTERSTOCK, ROIG61/SHUTTERSTOCK, CHAD ZUBER/SHUTTERSTOCK, KIT LEONG/SHUTTERSTOCK

PRIMER DÍA

Si solo se dispone de un día

MAÑANA

Se empieza con un *brunch* a 33 m de altura sobre el Strip en el **Eiffel Tower Restaurant** (p. 67), con vistas a las **fuentes del Bellagio** (p. 48). Luego se disfruta del refinado bar **Chandelier** en el Cosmo (p. 63).

TARDE

Se pasea por el **LINQ Promenade** (foto; p. 61), y se sube a la **High Roller** o a la **Fly LINQ Zipline.** Luego se disfruta del gratuito y apasionado espectáculo **'Big Elvis'** (p. 94).

NOCHE

Se cena en el fabuloso **Delilah** (p. 79) del Wynn, y se asiste a una función de **'Awakening'** (p. 79) o a un concierto vanguardista en **Sphere** (p. 72). La guinda es un paseo en **góndola** (p. 72) por el Venetian.

SEGUNDO DÍA

Un fin de semana

MAÑANA

Se desayuna en Downtown y se compra un pase diario para la piscina del **Golden Nugget** (p. 136), donde uno se podrá deslizar por un tanque gigante lleno de tiburones. También se puede visitar el fascinante **Mob Museum** (p. 134).

TARDE

Se almuerza en **Esther's Kitchen** (p. 148), se explora el Arts District, y luego se pasea hasta East Fremont para recorrer el **Downtown Container Park** (p. 149) y **Fergusons Downtown** (p. 149).

NOCHE

Se visita el **Neon Museum** (p. 144) a la puesta de sol para ver los carteles antiguos iluminados, y luego se cena un bistec en **Barry's Downtown Prime** (p. 148). Se contempla **Fremont Street Experience** (foto; p. 144), y luego se baila en la azotea del **Commonwealth** (p. 148).

TERCER DÍA

Una escapada

MAÑANA

Se disfruta de un desayuno clásico de cafetería en **Peppermill** (p. 96), y luego se cruza la calle al Resorts World, donde se puede realizar un reparador recorrido de hidroterapia y asistir a un espectáculo de sauna en el **Awana Spa** (p. 89).

TARDE

Se va en viaje compartido a **AREA15** (p. 120) a pasar un par de horas explorando el complejo de ocio inmersivo. Hay que entrar en **Omega Mart** (foto), un supuesto supermercado con portales a otras dimensiones.

NOCHE

Se disfruta en Chinatown de una alucinante comida de siete platos en **Sparrow + Wolf** (p. 127) y se toma un ron al rojo vivo en el bar de cócteles más excesivo de Las Vegas: **Golden Tiki** (p. 125).

Con más tiempo

Se recorre el Strip, explorando la arquitectura y el diseño de influencia egipcia del **Luxor** (p. 89), las réplicas de la Estatua de la Libertad y del puente de Brooklyn en el **New York-New York** (p. 57) y las **emocionantes atracciones de The Strat** (p. 86).

Tras relajarse en la arena importada del **Mandalay Bay** (p. 53), se visita al dragón de Komodo en el **acuario** del resort (p. 53), se juega al golf en **Swingers Crazy Golf** (p. 55) y se toma un cóctel por todo lo alto en el **Skyfall Lounge** (p. 98).

Se dedica un tiempo a aprender sobre la historia natural y humana de Las Vegas en la **Springs Preserve** (p. 118) y se hace el recorrido de 21 km por la **Red Rock Canyon National Conservation Area** (p. 128) en coche o bicicleta.

Se va al este del Strip para aprender sobre la primera época nuclear en el **National Atomic Testing Museum** (p. 104), y disfrutar de la deliciosa comida del norte de Tailandia en **Lotus of Siam** (p. 110).

Hay que ver todos los espectáculos posibles del Cirque du Soleil y Spiegelworld, sobre todo **'O'** (p. 51) y **'Absinthe'** (p. 93).

Atracción Insanity, The Strat (p. 86).

KOBBY DAGAN/SHUTTERSTOCK

Una excursión

Se puede alquilar un coche y conducir 45 min al este hasta la **presa Hoover** (foto; p. 156), una maravilla de la ingeniería de la década de 1930. Se puede admirar desde varios miradores, como el puente conmemorativo Mike O'Callaghan-Pat Tillman, y explorarla en **visitas guiadas.**

Se continúa hasta el cercano **lago Mead** (p. 156), un lugar tranquilo para nadar y navegar. De regreso a Las Vegas, se para en Boulder City para visitar su **museo** (p. 156) y aprender sobre la construcción de la presa Hoover; luego se toma un *brunch* en su cafetería clásica, **Coffee Cup Cafe** (p. 157).

En un día de lluvia

Se disfruta de las fiestas en piscinas: **Wet Republic** (p. 90) del MGM Grand, **Beach Club** (p. 76) del Encore y la glamurosa **Marquee** (p. 63) del Cosmo. Luego toca una experiencia inmersiva como el **Arte Museum** (p. 85), **FlyOver Las Vegas** (p. 85) o **Illuminarium** (p. 122).

Otra opción es retirarse a un lujoso **resort-casino** (p. 6) para apreciar el arte o jugar a las tragaperras o apostar. También se puede ir de compras en **Shops at Crystals** (p. 99) o en **Forum Shops at Caesars** (foto; p. 99), o a ver un partido en pantalla grande en el Stadium Swim del **Circa** (p. 145). Luego, se cena en el mismo resort y se sigue con el desenfreno en **Minus5 Ice Bar** (p. 62).

Prepararse

ANTES DE PARTIR

Tres meses antes
Reservar entradas para espectáculos de renombre y restaurantes populares como **Delilah** (p. 79) y **Golden Steer** (p. 97).

Un mes antes
Reservar un resort si se encuentra uno a buen precio (con cancelación gratuita). Buscar descuentos en entradas y reservar un coche de alquiler.

Una semana antes
Consultar de nuevo los precios del resort y volver a reservar si han bajado. Reservar actividades al aire libre y experiencias inmersivas.

Costumbres

No es obligatorio dar propina a los artistas callejeros por fotografiarlos, pero es una cortesía habitual, y casi todo el mundo lo hace.

Si se quiere jugar a un juego de azar pero no se conocen las reglas, es mejor informarse antes. Evítense las mesas concurridas, donde los jugadores saben lo que hacen.

Hay que averiguar la etiqueta del lugar al que se va para llevar la ropa apropiada y no arriesgarse a no poder pasar.

Beber en público

Beber alcohol en el Strip es legal, pero con condiciones. Se permiten envases abiertos, siempre que las bebidas estén en vasos o recipientes de plástico; está prohibido el vidrio. Se puede beber al caminar, pero no se puede llevar alcohol a vehículos ni a casinos que prohíban bebidas de fuera. Es probable cruzarse con borrachos alborotadores en el Strip.

Conviene saber

Fumar Si molesta el humo de cigarrillo, es mejor evitar los casinos antiguos. Hay opciones más ventiladas como los casinos Wynn, Encore, Venetian, Palazzo y Bellagio; el Park MGM es el único casino donde no se permite fumar.

Prostitución Aunque es ilegal en el condado de Clark (hasta seis meses de cárcel y multas de 1000 US$), está bastante arraigada en Las Vegas.

Minibares Mover un artículo en los minibares de algunos resorts puede suponer un cobro automático mediante un sensor. Generalmente, los cobros se pueden reclamar y revertir en recepción, pero puede que haya mucha cola para presentar la reclamación.

PROPINAS

Los camareros y otros servicios dependen de las propinas en Las Vegas. Se dan propinas frecuentes y generosas.

Desde 2 US$
Hoteles
2-3 US$ por maleta, aparcacoches 3-5 US$, limpieza 5-10 US$/noche

15-20%
Restaurantes
de la cuenta

1-2 US$
Bares/casinos
por bebida

15%
Taxis/Uber
de la tarifa

PRESUPUESTO DIARIO

Económico Menos de 150 US$

- Habitación básica de hotel-casino o cama de hostal: **50-100 US$**
- Comida para llevar: **10-15 US$**
- Espectáculo *Big Elvis* y fuentes del Bellagio: **gratis**
- Abono de autobús RTC 24 h: **8 US$**

Medio Entre 150-300 US$

- Habitación estándar de hotel-casino: **75-150 US$**
- Comida informal en un restaurante: **20-45 US$**
- Entrada con descuento para un espectáculo: **30-90 US$**
- Parking 24 h en un resort del Strip: **15-30 US$**

Alto Más de 300 US$

- Suite en hotel de lujo: **más de 200 US$**
- Cena en un restaurante de primera: **más de 200 US$**
- Entrada VIP a un espectáculo: **más de 125 US$**
- Servicio de automóvil de lujo por hora: **más de 80 US$**

Moneda
Dólar estadounidense (US$)

Idioma
Inglés

Hora local
Huso horario del Pacífico (GMT/UTC -8)

ILYA ANDRIYANOV/SHUTTERSTOCK

MEJORAS DE HABITACIÓN

Para tener más posibilidades de conseguir una habitación de categoría superior en Las Vegas, hay que mencionar que se viaja por una ocasión especial al registrarse y entregar discretamente al recepcionista un billete de 20 US$, aunque eso no garantiza nada.

Cuándo ir

Las Vegas es un destino popular en todas las estaciones, pero si se quieren realizar actividades al aire libre, la primavera y el otoño ofrecen el mejor tiempo.

El invierno puede ser bastante frío en el desierto y cierran las famosas fiestas en piscinas, pero suele haber grandes descuentos. En primavera hace muy buen tiempo, pero hay muchas habitaciones reservadas para congresos y muchos estudiantes en sus vacaciones de primavera. En los días tórridos de verano (que alcanzaron un récord histórico de 48°C en el 2024), la actividad al aire libre es limitada pero las fiestas en piscinas están en su apogeo. En otoño las temperaturas son agradables y vuelven los congresos y las subidas de precios de los hoteles.

Grandes eventos

Diciembre/enero Las Vegas es un destino importante en **Nochevieja.** Miles de personas acuden a escuchar a cabezas de cartel y ver fuegos artificiales; por supuesto hay incidencias y se bebe demasiado. Hay festividades a lo largo de Las Vegas Blvd y Fremont Street Experience (p. 144) en Downtown; también destaca AREA15 (p. 120).

Mayo-julio En las **Series Mundiales de Póker** jugadores profesionales, empleados de casino y famosos se enfrentan en decenas de torneos que se celebran en los casinos Horseshoe y Paris Las Vegas de finales de mayo a mediados de julio. Los premios en metálico son millonarios. Para participar, consúltese *wsop.com*.

Noviembre El **Gran Premio de Fórmula 1 de Las Vegas** (p. 85) atrae a más de 300 000 aficionados a presenciar la acción a toda velocidad de los coches de carreras por el Strip, transformado en circuito. Luego, la fiesta dura hasta la madrugada.

Clima

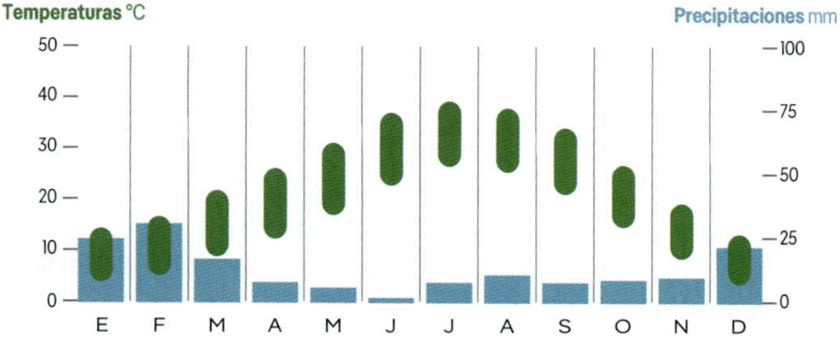

HAMMIKMEDIA.COM/SHUTTERSTOCK

Electric Daisy Carnival.

Diciembre El popularísimo **National Finals Rodeo** es una competición de 10 días en la que Las Vegas se llena de vaqueros. Los eventos tienen lugar en el Thomas & Mack Center e incluyen todos los clásicos del rodeo.

Artística e interesante

Abril **Viva Las Vegas,** el fin de semana de *rockabilly* por excelencia, conlleva fiestas en piscinas, actuaciones de bandas de *rock,* bailes *jive* y exhibiciones de coches clásicos tuneados en el Orleans Hotel & Casino.

Mayo El mayor festival de música electrónica del mundo, el **Electric Daisy Carnival,** atrae a Las Vegas a casi medio millón de fiesteros y fanáticos de las barritas luminosas durante tres noches.

Mayo Se celebra **Vegas Uncork'd,** certamen *gourmet* con catas de vino dirigidas por sumilleres, cenas magníficas y demostraciones de cocina de los mejores chefs.

Octubre El **Rise Festival** es una celebración de la luz, la música, la tierra y su gente, culmina con el lanzamiento de miles de farolillos al oscuro cielo del desierto.

INFORMACIÓN SOBRE ALOJAMIENTO

Con más de 150 000 habitaciones de hotel y una alta ocupación constante, las tarifas y los precios en Las Vegas fluctúan constantemente. A veces, las mejores ofertas se encuentran con antelación; otras, en el último minuto. Conviene empezar a buscar con meses de antelación. Si se encuentra un buen precio en un lugar que gusta, hay que aprovecharlo.

Cómo llegar

Pese a estar en medio del desierto, es muy fácil llegar a Las Vegas: casi todo el mundo lo hace en coche o volando al aeropuerto internacional Harry Reid.

Del aeropuerto a la ciudad

En aplicaciones de movilidad/taxi

Las aplicaciones tipo Uber son una opción rápida y relativamente económica. Solo hay que esperar un par de minutos en la zona designada y cuesta unos 20 US$ por llegar al Strip (algo más para Downtown). Es más rápido tomar un taxi pero suelen costar algo más.

En servicio de traslado

Hay autobuses (desde 15 US$/i) que trasladan a hoteles del Strip y Downtown. Lo habitual es compartir viaje con un par de decenas de personas y el autobús hace múltiples paradas, así que el trayecto dura 30-45 min. Algunos resorts ofrecen traslados gratuitos.

En autobús

La opción más lenta y económica es el Deuce (autobús público). Los nº 108 y 109 paran en la planta 0 de la terminal 1 y llevan al Strip o a Downtown, mientras que el Centennial Express opera en las terminales 1 y 3 y hace menos paradas. Un billete sencillo cuesta 4 US$ y se puede comprar a bordo, en una máquina expendedora o en la aplicación RideRTC, que permite escanear el teléfono al subir.

En automóvil de alquiler

Si se alquila un coche, hay que tomar un autobús gratuito que va de la zona de recogida de equipaje del aeropuerto al Rent-A-Car Center.

Otros puntos de entrada

Terminal de Greyhound

Si se llega en un autobús Greyhound de larga distancia, se baja en una de las nueve paradas de Las Vegas. La principal es Las Vegas S Strip Transit Terminal, donde se puede tomar el Deuce hasta el destino *(4/6 US$ sencillo/abono de 2 h)*.

Llegar por carretera

Casi todos los viajeros llegan a Las Vegas por la I-15 o la US Hwy 95. Si hay atasco en la I-15 y Las Vegas Blvd al llegar, se pueden seguir otras rutas como Paradise Rd al este del Strip o Frank Sinatra Dr e Industrial Rd al oeste.

Cómo desplazarse

Caminar es práctico a veces pero las aplicaciones de movilidad y los taxis son la mejor opción. Las Vegas Monorail conecta varios resorts a lo largo del Strip, al igual que varios tranvías gratuitos, mientras que Deuce, la red de autobuses públicos, ofrece transporte asequible por el Strip y Downtown. Los coches de alquiler son muy útiles para excursiones por los alrededores del centro y fuera de la ciudad.

Aplicaciones de movilidad

Son una excelente opción. Las tarifas suelen ser buenas y no hay que esperar mucho (a menos que haya un evento importante o sea hora punta). En el Strip, las recogidas son en zonas designadas, a menudo cerca de las entradas de los resorts; se recomienda localizarlas antes de reservar.

Taxi

Los taxis son una buena opción, aunque suelen ser algo más caros que las aplicaciones. Ir de un extremo al otro del Strip o de este a Downtown cuesta unos 25 US$. Hay paradas en casi todos los hoteles con casino y centros comerciales.

Limusina

Las tarifas por hora comienzan en unos 45 US$ por un Town Car y suben hasta 130 US$ por un Hummer H2 Super Stretch con capacidad para 14 pasajeros, champán incluido.

Monorraíl

La red del Monorail de 6,3 km (foto) tiene paradas en: MGM Grand, Horseshoe/Paris, Flamingo/Caesars Palace, Las Vegas Convention Center, Westgate y SAHARA Las Vegas.

DESDE LA IZDA.: PORNPRASIT PANADA/SHUTTERSTOCK, SERGII FIGURNYI/SHUTTERSTOCK

'APP' ESENCIAL

Se puede descargar la aplicación oficial de la Comisión Regional de Transporte del Sur de Nevada, rideRTC, para obtener billetes, planificadores de viajes y más información.

Tranvía

Dos tranvías gratuitos tienen las siguientes paradas: Excalibur, Luxor y Mandalay Bay, y Bellagio, Park MGM, Aria y Shops at Crystals. Un tercero que conecta el hotel-casino Treasure Island y el Hard Rock reabrirá cuando se termine este último resort en el 2027.

Autobús

El popular autobús turístico Deuce hace paradas a lo largo del Strip y Downtown.

Servicios de enlace

Muchos hoteles con casino de fuera del Strip ofrecen transporte gratuito limitado, aunque a veces solo para huéspedes. Downtown Loop es un servicio gratuito que conecta atractivos populares de Downtown.

Automóvil de alquiler

Alquilar un coche es ideal para excursiones. Los precios son razonables *(desde 25 US$/día)* en sitios web de viajes con descuento. El aparcamiento (sobre todo en el Strip) puede ser caro y conducir por él puede ser estresante.

A pie

El Strip tiene 6,8 km de largo; no siempre es fácil caminar entre los hoteles de los casinos, ni siquiera entre los que parecen estar cerca. Hay que consultar un plano y tener en cuenta que el recorrido puede incluir escaleras mecánicas, concurridos pasos de peatones y puentes elevados sobre autopistas.

Bicicleta

Ir en bicicleta es una forma excelente de moverse por el centro. Hay bicicletas compartidas de RTC *(bikeshare.rtcsnv.com; 5 US$/30 min)* disponibles en aparcamientos por todo el barrio.

Información práctica

Autobús Deuce, tarifas y horarios

Un viaje sencillo cuesta 4 US$, pero también hay abonos de 2/24/72 h *(6/8/20 US$)*. Se pueden comprar los billetes a bordo, en máquinas expendedoras o en la aplicación rideRTC. Los autobuses funcionan 24 h/7 días a la semana.

Tarifas reducidas en Deuce

La RTC ofrece tarifas reducidas para veteranos, niños, estudiantes, jubilados y personas con discapacidad. Quien considere que cumple los requisitos puede visitar la página de información sobre tarifas reducidas *(rtcsnv.com/ways-to-travel/fares-passes/reduced-fare)* para saber cómo solicitarlas. Los visitantes con tarjetas de tarifas reducidas válidas en otras redes de transporte pueden mostrarlas al subir y pagar también una tarifa reducida en Deuce.

Monorraíl, tarifas y horarios

Un viaje sencillo cuesta 6 US$; un abono ilimitado de un día, 15 US$. Hay abonos de dos días por 26 US$ y de tres días por 32 US$. Los trenes empiezan a circular a las 7.00 todos los días y siguen hasta las 24.00 los lunes, hasta las 2.00 de martes a jueves y hasta las 3.00 de viernes a domingo. La frecuencia de paso es de 4-8 minutos.

Tarifas reducidas en monorraíl

Aunque los billetes se pueden comprar en máquinas expendedoras o en mostradores de atención al cliente, hay descuentos en línea *(tix.lvmonorail.com)* y se puede pagar con tarjeta de crédito o Google Pay. En línea, un viaje sencillo cuesta 5,50 US$, y un abono ilimitado de un día, 13,45 US$. Hay abonos de dos días por 23,75 US$ y uno de tres días por 29,95 US$. Los niños de hasta cinco años viajan gratis.

PRECIOS

Viaje corto en aplicación de movilidad
10-20 US$

Tarifa de monorraíl adulto
6 US$

Bicicletas RTC
5 US$/30 min

Los billetes sin usar son válidos durante un año. Al usarlos por primera vez en los torniquetes, se les sella una fecha de caducidad. Los billetes doblados o dañados no funcionan en los torniquetes, y no se realizan reembolsos.

CONSEJO

Al usar el transporte público, hay que contar con suficiente tiempo adicional para llegar a destino.

BILLETES

	Sencillo	24 h	72 h
Autobús Deuce	4 US$	8 US$	20 US$
Monorraíl	6 US$	15 US$	32 US$

Otra cara de Las Vegas

Más allá de los atractivos clásicos de los casinos y los lugares de moda llenos de famosos, es posible conocer la vida cotidiana, vistas sorprendentes y lugares secretos.

Cosas de la mafia

La historia de Las Vegas está inextricablemente ligada a la mafia, y por toda la ciudad hay huellas de ello. El **Mob Museum** (p. 134), en Downtown, es el lugar más obvio para conocerla. También se puede visitar **El Cortez** (p. 144), un hotel de Downtown que fue propiedad de 'Bugsy' Siegel y otros mafiosos, o el **Flamingo** (p. 92), en el Strip, donde aún perdura el legado de Siegel. Para profundizar en la historia, se puede realizar un circuito temático para explorar los lugares emblemáticos que moldearon Las Vegas durante su ascenso a la gloria del ocio, impulsado por el crimen organizado.

Bares clandestinos

Las Vegas tiene una gran cantidad de bares clandestinos. Algunos especializados en cócteles, como **Ghost Donkey** (p. 65) del Cosmo, han conseguido una gran popularidad. Pero otros, como **Craft Creamery** (p. 148), un bar clandestino en una heladería del Arts District, apenas están empezando. También está Laundry, en **Commonwealth** (p. 148); **The Vault** (p. 52) tras una puerta sin indicación alguna en el casino del Bellagio; y Datamosh, en AREA15, que combina arte digital con excepcionales y potentes bebidas tras un supuesto mostrador de carne en **Omega Mart** (p. 120). Otra joya es el Lock, del **Cabinet of Curiosities** (p. 99), en el Horseshoe Las Vegas, donde los visitantes contestan a acertijos para entrar a un excéntrico mundo de bebidas elaboradas con pericia.

Bares 'tiki'

Las Vegas cuenta con dos increíbles bares *tiki*, ambos cerca del Strip y con mucha personalidad. Ubicado en una zona comercial de Chinatown, **Golden Tiki** (p. 125) no tiene ventanas, lo que hace su llamativo interior aún más sorprendente. Dentro hay ídolos brillantes, reliquias de naufragios, paredes de bambú e insólita

KIT LEONG/SHUTTERSTOCK

Mob Museum (p. 134).

PAGE LIGHT STUDIOS/SHUTTERSTOCK

Frankie's Tiki Room (p. 125).

decoración de Hollywood junto a cuadros exóticos de lugares tropicales. Los cócteles son clásicos y creativos, y por 1 US$ adicional el camarero los flambea. En **Frankie's Tiki Room** (p. 125), las innovadoras bebidas tienen una clasificación de intensidad marcada por calaveras. El excéntrico espacio lleno de humo rebosa de encanto *tiki,* y las tazas de recuerdo son imprescindibles.

Nuevo concepto de 'spa'

Los *spas* de Las Vegas han adoptado el arte del Aufguss, una fusión sensual de aromaterapia. El **Awana Spa,** en el Resorts World (p. 89), introdujo esta experiencia inmersiva de sauna cuando se inauguró en el 2021, y lo siguió **Lapis** (p. 89), en el Fontainebleau. Expertos maestros coreografían técnicas de ondulación de toallas con música y aceites esenciales, transformando las saunas tradicionales en teatrales eventos de bienestar.

'Brunch drag'

Los *brunches drag* en Las Vegas son divertidísimos, y combinan actuaciones fabulosas, comida sabrosa y, a menudo, cócteles sin límite. El veterano *brunch drag* de Señor Frog, en el Treasure Island, cerró en el 2024, pero **Gipsy** (p. 113) mantiene la tradición con espectáculos en vivo los domingos. Cabe esperar talentos de primer nivel con deslumbrantes trajes que realizan elaboradas coreografías con *playback*. El ambiente es inclusivo y festivo.

Burning Man Arts

Los visitantes interesados en el Burning Man, el experimento-competición artístico anual de Nevada en el remoto desierto de Black Rock, descubrirán las diversas esculturas retiradas del festival expuestas en diversos lugares de Las Vegas.

En el **Downtown Container Park** (p. 149) se encuentra *The*

FUERA DE RUTA

- No hay que perderse las excepcionales tiendas y restaurantes del **Commercial Center** (p. 106). incluida la tienda de disfraces.
- En el extenso **Chinatown** (p. 124) de Las Vegas, hay deliciosas opciones gastronómicas: comida china o tailandesa, barbacoa coreana o *sushi.*
- Las entradas para el íntimo **Magician's Study** (p. 90) se obtienen tras recibir una clave secreta.
- El **Pinball Hall of Fame** (p. 87), un almacén de máquinas de *pinball* restauradas y en uso, se mudó al sur del Strip en el 2024.
- Competir en la pista cubierta de 45 m de **Slot Car City** (p. 125) es una forma emocionante de pasar una tarde. Además, hay premios si se gana.

ATLAS MEDIA/MEOW WOLF

Omega Mart, AREA15 (p. 120).

mantis, una réplica de acero de una mantis religiosa de 12 m de altura que lanza llamas por las antenas durante los espectáculos nocturnos. Delante del cercano **Fergusons Downtown** (p. 149), se puede rendir homenaje a *Big Rig Jig,* una escultura de 15 m de altura hecha con dos camiones cisterna. En el **Park** (p. 94) está *Bliss Dance,* una escultura de acero de 12 m de una mujer bailando.

Pero el mejor lugar para empaparse del ambiente del Burning Man es el complejo de ocio psicodélico **AREA15** (p. 120). En él hay un jardín de esculturas lleno de obras de arte retiradas del Burning Man, y *Shogyo Mujo,* una calavera de 3,65 m de alto con una proyección de 360º, recibe a los visitantes en la entrada.

planet
planet hollywood

Explora Las Vegas

Merece la pena

Circuitos a pie

El Strip (p. 45).
PAPARACY/SHUTTERSTOCK

Sugerencias de lugares para comer, beber y comprar en **p. 96**

Explora
Strip

El Strip –también llamado Las Vegas Blvd–, 6,5 km de deslumbrantes y hedonistas tentaciones, ya no se limita al juego. Hoy son los grandes espectáculos, las instalaciones artísticas inmersivas, los restaurantes de primera y los eventos deportivos más populares los que infunden sin cesar nueva energía a la arteria principal de Las Vegas. Del futurista Sphere, que ilumina el perfil de la ciudad, se pasa de golpe junto al solar del demolido Tropicana, que pronto albergará un nuevo casino-resort y el New Las Vegas Stadium, que acogerá, a partir del 2028, los partidos de los Athletics de la MLB. Auténtico paraíso terrenal, lo más difícil en el Strip es saber por dónde empezar.

Cómo desplazarse

A pie

Recorrer el Strip a pie es una opción factible si no hace mucho calor. Hay escaleras mecánicas y puentes peatonales sobre la autopista y pueden verse espectáculos en las aceras.

Autobús

Deuce, el popular autobús turístico de la ciudad, para en puntos populares. Hay varios tipos de billetes.

Taxi y aplicaciones de movilidad

Las opciones más populares para cubrir distancias largas, pero solo se pueden tomar en las zonas designadas de los resorts.

Vista aérea del Strip.
RANDY ANDY/SHUTTERSTOCK

★

LO MEJOR

VISTAS
The Strat (p. 84)

LUGAR DE ACTUACIONES
Sphere (p. 72)

PASEO ROMÁNTICO
En góndola en el Venetian (p. 72)

ESPECTÁCULO GRATUITO
Big Elvis (p. 94)

LUGAR PARA PASEAR
LINQ Promenade (p. 61)

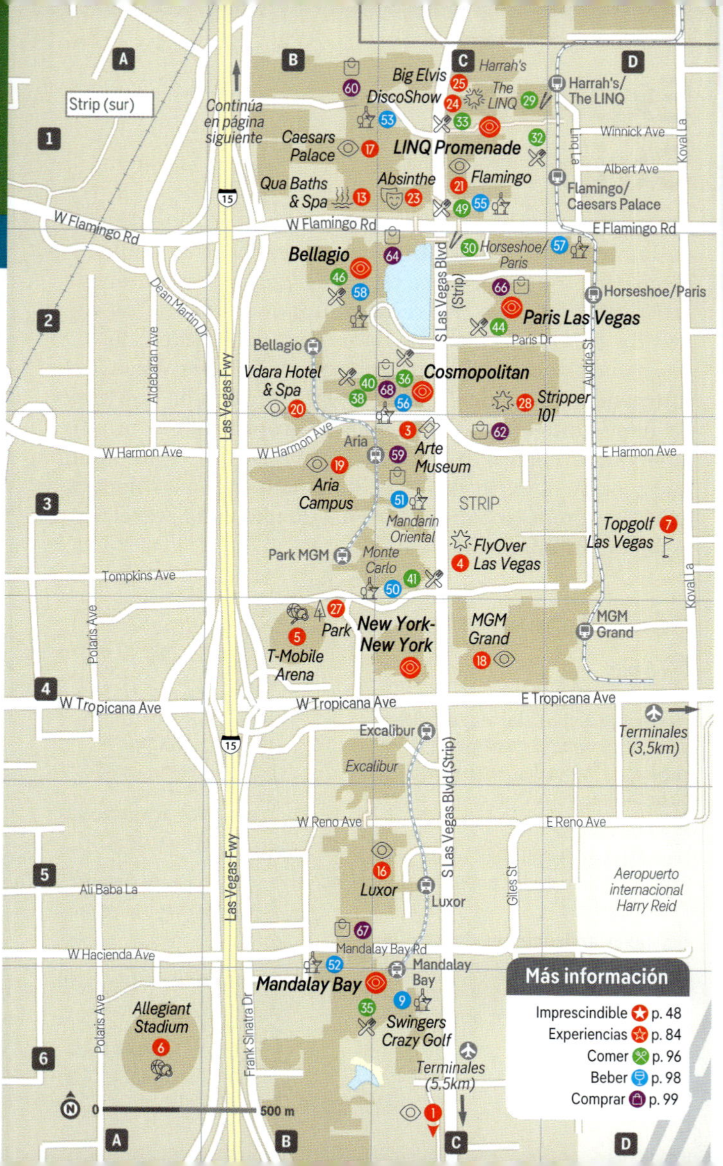
Strip (sur)
Continúa en página siguiente
A
B
C
D
1
2
3
4
5
6
Big Elvis
DiscoShow
Harrah's
The LINQ
Harrah's/ The LINQ
Caesars Palace
LINQ Promenade
Winnick Ave
Albert Ave
Koval La
Linq La
Qua Baths & Spa
Absinthe
Flamingo
Flamingo/ Caesars Palace
W Flamingo Rd
E Flamingo Rd
Bellagio
Horseshoe/ Paris
Horseshoe/Paris
Paris Las Vegas
Paris Dr
S Las Vegas Blvd (Strip)
Dean Martin Dr
Aldebaran Ave
Las Vegas Fwy
Vdara Hotel & Spa
Cosmopolitan
Stripper 101
Audrie St
W Harmon Ave
E Harmon Ave
Aria
Arte Museum
Aria Campus
STRIP
Mandarin Oriental
Topgolf Las Vegas
Park MGM
Monte Carlo
FlyOver Las Vegas
Tompkins Ave
Polaris Ave
Park
New York-New York
MGM Grand
T-Mobile Arena
W Tropicana Ave
E Tropicana Ave
Excalibur
Terminales (3,5km)
W Reno Ave
E Reno Ave
Luxor
Giles St
Aeropuerto internacional Harry Reid
Ali Baba La
W Hacienda Ave
Mandalay Bay Rd
Mandalay Bay
Frank Sinatra Dr
Allegiant Stadium
Swingers Crazy Golf
Terminales (5,5km)
0
500 m
Más información
Imprescindible p. 48
Experiencias p. 84
Comer p. 96
Beber p. 98
Comprar p. 99

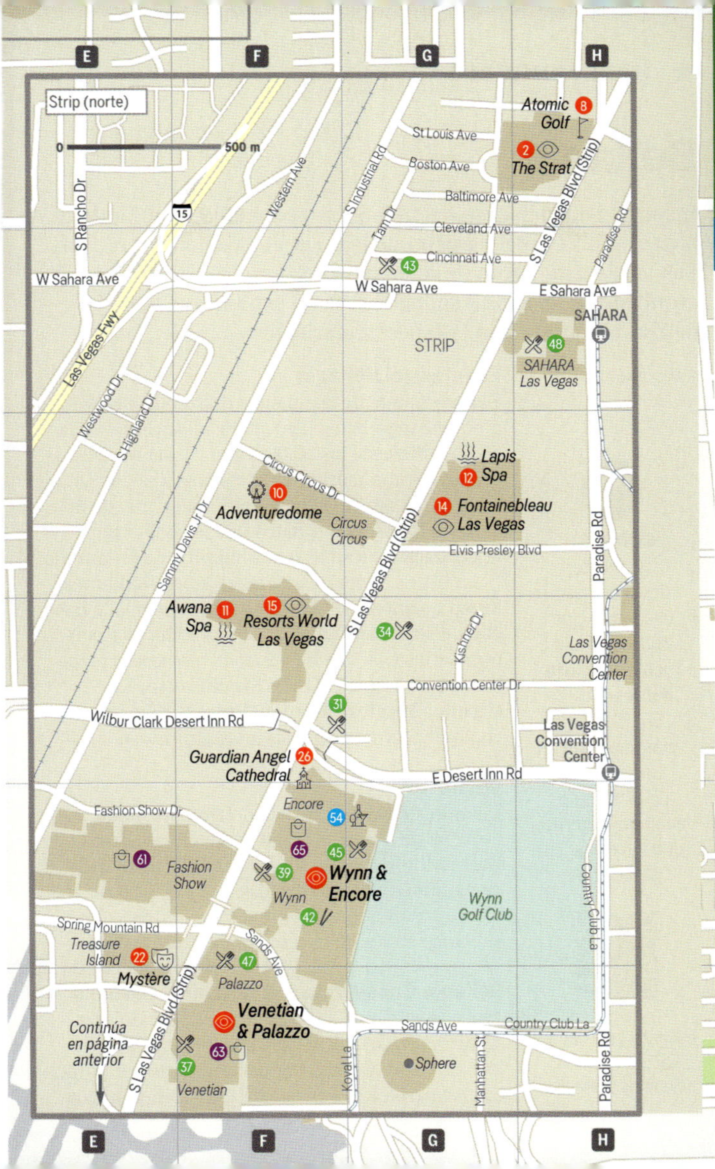
E
F
G
H
Strip (norte)
0
500 m
15
Atomic Golf 8
2 The Strat
St Louis Ave
Boston Ave
Baltimore Ave
Cleveland Ave
Cincinnati Ave
43
S Industrial Rd
Western Ave
Tam Dr
S Las Vegas Blvd (Strip)
Paradise Rd
S Rancho Dr
W Sahara Ave
W Sahara Ave
E Sahara Ave
SAHARA
48
SAHARA Las Vegas
STRIP
Las Vegas Fwy
Westwood Dr
S Highland Dr
Lapis Spa 12
14 Fontainebleau Las Vegas
Circus Circus Dr
10 Adventuredome
Circus Circus
Elvis Presley Blvd
Sammy Davis Jr Dr
S Las Vegas Blvd (Strip)
Paradise Rd
Awana Spa 11
15 Resorts World Las Vegas
34
Kishner Dr
Las Vegas Convention Center
Convention Center Dr
31
Wilbur Clark Desert Inn Rd
Las Vegas Convention Center
Guardian Angel Cathedral 26
E Desert Inn Rd
Encore
54
Fashion Show Dr
65
45
61
Fashion Show
39
Wynn & Encore
Wynn
42
Wynn Golf Club
Country Club La
Spring Mountain Rd
Treasure Island
22
Mystère
47
Sands Ave
Palazzo
Venetian & Palazzo
S Las Vegas Blvd (Strip)
Sands Ave
Country Club La
Continúa en página anterior
63
37
Venetian
Koval La
Sphere
Manhattan St
Paradise Rd
E
F
G
H

★ IMPRESCINDIBLE

Bellagio

Inspirado en la belleza del homónimo pueblo italiano junto al lago Como, el hotel y casino Bellagio es el palacio de recreo de Las Vegas y un punto de referencia del Strip. Su ornamentada arquitectura toscana y su lago artificial con mil fuentes danzantes garantizan la espectacularidad.

PLANO: P. 46 **B2**

CONSEJO
Se puede derrochar con una habitación con vistas a la fuente. La **tarifa del resort** son 50 US$/día, más impuestos. Los menores de 18 años no acompañados no pueden entrar en el Bellagio.

Escanea este código QR para precios, horarios y demás.

Fuentes del Bellagio

El espectáculo de las fuentes danzantes del Bellagio tiene lugar en el lago artificial del hotel cada 15-30 min desde las 20.00 hasta media noche. Las fuentes tienen más de 1200 chorros, que lanzan agua a una altura de hasta 140 m al ritmo de 30 canciones diferentes, datos que lo convierten en la exhibición de su tipo más ambiciosa del mundo.

La banda sonora varía, desde ópera italiana a Sinatra cantando "Luck Be a Lady". Se puede hacer como los protagonistas de *Ocean's Eleven* y contemplarlas desde la balaustrada o reservar para cenar en **Spago, PRIME Steakhouse, Le Cirque, Mayfair Supper Club** (p. 97) o en cualquier otro de los restaurantes junto al lago.

Vestíbulo

El impresionante vestíbulo del hotel tiene un techo de 5,5 m de altura adornado con una escultura de Dale Chihuly compuesta por 2000 flores de vidrio de vibrantes colores sopladas a mano. Es especialmente encantador contemplarla mientras suena el piano de cola en el cercano **Petrossian Bar.**

Bellagio Conservatory & Botanical Gardens

Junto al vestíbulo se encuentra el Bellagio Conservatory & Botanical Gardens (foto), donde se instalan ostentosos arreglos florales de temporada con una grúa a través del altísimo techo de 15 m.

Aunque el resultado es algo *kitsch,* multitudes acuden a admirarlo, atraídas por el aroma de las flores frescas cultivadas en el invernadero y por los cuadros recreados con capullos en lugar de óleo.

Bellagio Gallery of Fine Art

Desde que Steve Wynn vendió su retoño al grupo MGM Grand por 6400 millones de dólares, el Bellagio no ha contado con arte de la misma calidad. Sin embargo, su pequeña **galería de bellas artes** *(desde 19 US$)* sigue presentando exposiciones itinerantes de gran éxito. Hasta julio del 2025 albergó *American Duet: Jazz & Abstract Art,* muestra que explora la convergencia de ambos géneros con 61 obras de 34 artistas en una mezcla de medios visuales y sonoros.

UNA PAUSA
Para disfrutar del espectáculo de las fuentes del Bellagio con una cerveza fría, se puede ir a **Beer Park** (p. 67), una cervecería al aire libre con marcas de barril de todo el mundo y un ambiente agradable.

KOBBY DAGAN/SHUTTERSTOCK

Bellagio

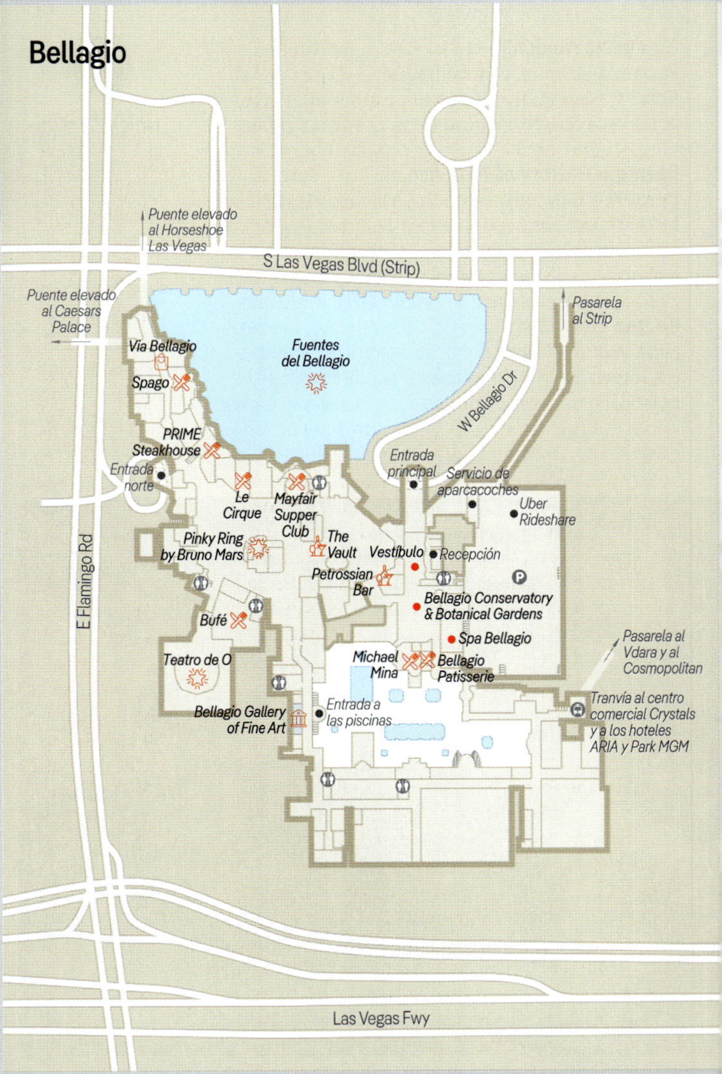
Puente elevado al Horseshoe Las Vegas
S Las Vegas Blvd (Strip)
Puente elevado al Caesars Palace
Pasarela al Strip
Via Bellagio
Fuentes del Bellagio
Spago
W Bellagio Dr
PRIME Steakhouse
Entrada principal
Servicio de aparcacoches
Entrada norte
Le Cirque
Mayfair Supper Club
Uber Rideshare
Pinky Ring by Bruno Mars
The Vault
Vestíbulo
Recepción
E Flamingo Rd
Petrossian Bar
Bellagio Conservatory & Botanical Gardens
Bufé
Spa Bellagio
Pasarela al Vdara y al Cosmopolitan
Teatro de O
Michael Mina
Bellagio Patisserie
Tranvía al centro comercial Crystals y a los hoteles ARIA y Park MGM
Bellagio Gallery of Fine Art
Entrada a las piscinas
Las Vegas Fwy

Complejo de piscinas

El complejo de cinco piscinas del Bellagio, que se extiende detrás del hotel entre exuberantes jardines, evoca al Mediterráneo, con altísimas topiarios y opulentas fuentes. Como solo pueden acceder los huéspedes del hotel, y no se permite la entrada a menores de 16 años sin acompañante, la piscina es relativamente tranquila. Para relajarse aún más, los huéspedes pueden reservar tratamientos rejuvenecedores en el **Spa Bellagio.**

'O', del Cirque du Soleil

'O', pronunciación de la palabra francesa *eau* (agua), es el último espectáculo del Cirque du Soleil, con un elenco internacional de artistas que hacen sus números en, junto y sobre el agua. Toda una proeza de imaginación e ingeniería.

Su escenario del teatro se transforma en conjunción con un tanque de agua de 5679 m^3, lo que permite que el paisaje acuático pase de ser una enorme piscina a un pequeño charco en segundos. Mientras, acróbatas con elaborados trajes vuelan por el aire y se sumergen en el agua. También se cuelgan de un barco pirata que se balancea, realizan clavados mortales desde más de 18 m y se lanzan desde un columpio ruso.

Alojamiento en el Bellagio

Con una elegancia clásica, habitaciones y suites constantemente renovadas y actualizadas, y una ubicación en pleno Strip, el Bellagio es uno de los alojamientos más glamurosos de Las Vegas. Para ser un hotel tan grande, el servicio es impresionantemente ágil y personalizado: el registro es facilísimo y el servicio de habitaciones, impecable, todo un lujo.

Las renovaciones más recientes, una mejora de 110 millones de dólares en el *spa* del resort, nuevas habitaciones y un diseño actualizado de las suites, se inspiraron en los colores del lago Como, en Italia. Por otro lado, la última remodelación del edificio

DÓNDE COMER

En el Bellagio, los amantes de la gastronomía van directos a **Le Cirque** y **Michael Mina,** dos clásicos de Las Vegas con una estrella Michelin cada uno. El primero combina alta cocina artística con exquisitos vinos franceses en un ambiente alegre e íntimo junto al lago bajo una carpa de seda. Michael Mina presume de una audaz carta de marisco como lenguado con costra de masa filo y empanada de langosta de Maine con crema de trufa.

LA MAYOR FUENTE DE CHOCOLATE DEL MUNDO
Como certifica el *Libro Guinness de los récords,* la mayor fuente de chocolate del mundo cae en cascada tras el escaparate de **Bellagio Patisserie.** Mide unos 8 m y hace circular 2 t de chocolate a razón de 113 l/min. Su construcción requirió dos años de planificación, diseño e ingeniería.

principal del hotel le dio un nuevo aire a las amplias habitaciones y se instalaron servicios de alta tecnología como conectores multimedia, iluminación LED ecológica y moquetas orgánicas. Las mullidísimas camas cuentan con los característicos colchones con acolchado de cachemira típicos del Bellagio.

The Vault

La vida nocturna en el Bellagio es una mezcla de sofisticación y estilo. Si se busca una exclusiva coctelería 'secreta' y con carácter, hay que buscar The Vault (p. 99), tras una puerta sin indicación en el casino. El local presume de obras de arte de Takashi Murakami, una selección de sofisticados aperitivos –como bocadillos de *wagyu* A5– y un elenco constante de mixólogos estrella visitantes. Como no podía ser menos, lo más destacado son las bebidas: hay que probar el cóctel de champán rosa para dos con pitahaya y St-Germain (licor de saúco) o el *old-fashioned* ahumado con madera de manzano y servido bajo una campana.

Pinky Ring by Bruno Mars

Otro lugar favorito para disfrutar de cócteles de primera es el Pinky Ring, el nuevo *lounge* de música en directo de Bruno Mars. El local combina el encanto de la época del Rat Pack con actuaciones íntimas (con un aforo de 200 personas) y un diseño elegante. Músicos y DJ talentosos realizan actuaciones doble, y de vez en cuando aparece el propio Mars. Entre los cócteles recomendados están el *hooligan* (un *margarita* muy especiado) y el memorable *mocha espresso martini.*

Tiempo de vino

Si se planea comenzar la noche con una cena y una botella de vino, en el Bellagio tendrá donde elegir: el hotel vende más vino que cualquier otro en EE UU, dispone de 20 cavas que almacenan botellas valoradas en más de 30 millones de dólares.

★ IMPRESCINDIBLE

Mandalay Bay

El enorme Mandalay Bay, brillante, angular y dorado, suele ser el primer resort que la mayoría de los visitantes ve al llegar a Las Vegas. Y qué mejor introducción a la "ciudad del pecado" que este santuario del lujo con playa de arena, acuario, excepcionales restaurantes y tres hoteles.

PLANO: P. 46 **B5**

Mandalay Bay Beach

La piscina de olas de 6057 m^3 de Mandalay Bay Beach ocupa 4,5 Ha, tiene 2700 toneladas de arena importada de California y puede generar olas de hasta 1,8 m de altura. También hay un río lento que encanta a los niños, y el **Moorea Beach Club,** solo para adultos, donde se puede hacer toples. La entrada es gratuita para los huéspedes del resort. Se puede disfrutar de las instalaciones si se paga una entrada de 25 US$, o se alquila una **tumbona** *(desde 50 US$)* o **cabaña** *(150 US$)*; las tumbonas las pueden usar hasta cuatro personas, las cabañas, hasta 10.

CONSEJO

Hay tranvías gratuitos entre el complejo del Mandalay Bay y los hoteles Luxor y Excalibur. La **tarifa del resort** (45 US$/noche más impuestos) incluye wifi en la habitación y acceso al gimnasio.

Skyfall Lounge

Uno de los atractivos menos conocidos del M-Bay es el fabulo Skyfall Lounge (p. 98), en lo alto del W Las Vegas, desde donde se puede disfrutar de vistas incomparables del sur del Strip y tomar un cóctel mientras el sol se pone sobre las espectaculares Spring Mountains. El ambiente elegante y sobrio del bar es más palpable cuando los DJ pinchan ritmos suaves y los clientes más decididos (o ebrios) comienzan a bailar.

Escanea este código QR para precios y reservas.

Shark Reef

Adultos, niños y amantes de la fauna marina acuden en masa al Mandalay Bay para visitar el singular e inusual **Shark Reef Aquarium** *(desde 29 US$)*, que

Mandalay Bay

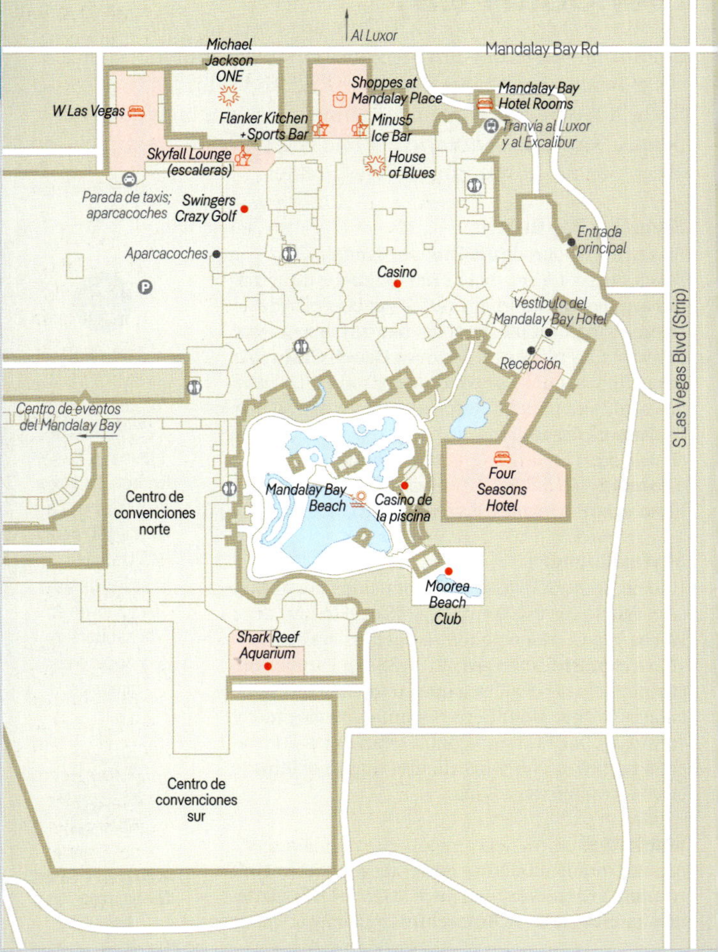

permite una experiencia inmersiva. Alberga unas 2000 especies de animales: medusas, mantarrayas, cocodrilos, pirañas, un dragón de Komodo y 15 de tiburón. También viven aquí tres tortugas verdes rescatadas que pesan unos 136 kg cada una. Por 70 US$ adicionales se puede ver cómo las alimentan. Los cuidadores y naturalistas están disponibles para charlar mientras se recorre el acuario.

'Michael Jackson ONE'

Pasan los años, pero el homenaje musical del Cirque du Soleil a Michael Jackson no pierde popularidad y se sigue desarrollando como si el legado del rey del pop se mantuviera en una burbuja. En cualquier caso, con bailarines sensacionales, ágiles acróbatas y trapecistas, todos al ritmo de una banda sonora con los mayores éxitos de Jackson, el espectáculo se remonta en un *moonwalk* hasta su exitoso álbum de platino *Thriller*.

House of Blues

La sofisticada discoteca **Foundation Room** de House of Blues organiza fiestas con DJ y eventos especiales en un espacio elegante, mitad mansión gótica, mitad templo hindú. Las amplias vistas del Strip son tan impresionantes como la decoración. Cerca del casino hay promotores de la discoteca que ofrecen 2 x 1 en bebidas y entrada gratis. Como colofón a la fiesta, los domingos se puede ir al legendario **House of Blues Gospel Brunch** (p. 96). Aquí, se empalma la juerga del sábado noche con un reponedor menú de *bloody Marys* ilimitados y platos sureños como *jambalaya*, pollo con gofres, pan de maíz con jalapeños y pudín de pan y plátano caliente.

Swingers Crazy Golf

Para los amantes del minigolf que también disfrutan de una buena fiesta está Swingers Crazy Golf (p. 86). Con una superficie de 3716 m², el recinto evoca la década de 1920 y ofrece campos perso-

DÓNDE COMER EN EL MANDALAY BAY

Las opciones gastronómicas van desde los restaurantes de M-Bay, dirigidos por chefs, a otros más informales en el cercano **Shoppes at Mandalay Place** (p. 99). Se recomienda reservar en los primeros, en *mandalaybay.com/dining* o llamando al *702-632-7200*.

UNA PAUSA

Si hace calor fuera, uno puede refrescarse con los cócteles helados del **Minus5 Ice Bar** (p. 62). Y, si hay partido, sentarse frente a las grandes pantallas del **Flanker Kitchen + Sports Bar.**

ANTON_IVANOV/SHUTTERSTOCK

ENTRAR EN ESCENA

La lujosa temática tropical del resort pretende ser sutil, pero su gran inauguración en 1996, durante la cual Jim Belushi, Dan Aykroyd y John Goodman cruzaron las puertas principales en motocicletas, ciertamente no lo fue.

nalizables de minigolf con obstáculos originales como molinos de viento y giros completos. El vídeo mapeado transforma el entorno a medida que cambian las estaciones, y los DJ animan el lugar mientras los *caddies* sirven cócteles y chupitos. También hay comida callejera, juegos de feria clásicos y máquinas recreativas.

Alojamiento en el Mandalay Bay

Hay tres hoteles para elegir dónde pasar la noche. La opción tradicional es el **Mandalay Bay,** cuyas habitaciones sencillas pero elegantes tienen grandes TV, ropa de cama de lujo y cálidos tonos tierra. En las plantas más altas de la Mandalay Bay Tower, y accesible solo mediante ascensores exprés privados, el **Four Seasons Hotel** es la imagen de la elegancia. Las habitaciones estándar cuentan con grandes bañeras y vistas de las montañas a través de amplios ventanales. En la torre de al lado, el elegante **W Las Vegas** sustituyó al Delano en el 2024.

★ IMPRESCINDIBLE

New York–New York

El hotel y casino New York-New York, réplica en miniatura de la ciudad que nunca duerme en la del pecado, levanta el ánimo a la altura del Empire State. Es un poco artificial, pero la Estatua de la Libertad en miniatura, el puente de Brooklyn a escala y una montaña rusa estilo Coney Island son divertidos.

PLANO: P. 46 **C4**

Arquitectura de inspiración neoyorquina

Esta minimegalópolis presenta imitaciones a escala de monumentos neoyorquinos, con la Estatua de la Libertad y el puente de Brooklyn. También hay réplicas del Chrysler Building, el Empire State y el Bankers Trust. En el interior hay una zona de comidas que evoca Greenwich Village (con calles adoquinadas incluidas) y un casino con temática de Times Square.

CONSEJO
La montaña rusa es más estimulante por la noche. Hay que estar allí 30 min antes de la hora de entrada. Abre hasta medianoche.

Big Apple Arcade y montaña rusa

El gigantesco Big Apple Arcade cuenta con más de 200 videojuegos, desde clásicos de la década de 1980 hasta las últimas importaciones japonesas. Conduce a la montaña rusa homónima, inspirada en Coney Island *(desde 25 US$)*, en la que montan más de un millón de personas al año y que es conocida por su maniobra de giro y caída, que produce una sensación similar a la que siente un piloto de combate al hacer un tonel. El resto del recorrido, de 3 min, incluye una espiral de 180º y vistas fugaces del Strip. Hay que agarrarse bien: cabeza, espalda y hombros sufren mucho con el traqueteo. Para montar hay que medir 137 cm como mínimo.

Escanea este código QR para precios y reservas.

Dónde comer en el New York-New York

Este resort ofrece algunas de las comidas más asequibles del sur del Strip, pero la calidad suele ser cuestionable. Junto a la entrada del puente elevado peatonal del entresuelo, hay puestos de comida rápida de Nathan's Famous Hot Dogs, un clásico de Coney Island.

Otros locales de inspiración neoyorquina son **Gallagher's Steakhouse,** que ofrece clásicas ensaladas *wedge* y entrecot madurado en seco (la especialidad de la casa, que se ve colgando en las neveras con puerta de vidrio). El bar circular es un lugar perfecto para un *martini*.

En el clásico italiano **Il Fornaio Bakery & Cafe** hay pasta, ensalada y *pizza* al horno de leña, además de especialidades de la casa como lasaña con setas calabaza y pollo parmesano. **New York Pizzeria,** más informal, sirve porciones de gran tamaño en el patio de comidas del resort.

'Mad Apple'

La nueva producción del Cirque du Soleil en Las Vegas ofrece un espectáculo vibrante de estilo cabaret acrobacias, música en vivo, comedia de estilo libre y danza. Las impresionantes actuaciones aéreas (incluidas acrobacias de baloncesto al estilo de los Harlem Globetrotters) suelen encandilar al público.

Lo que distingue a *Mad Apple* de los espectáculos tradicionales del Cirque du Soleil es su estructura. En vez de una narración hilada, es simplemente un dinámico espectáculo de variedades con un ambiente festivo y musical, no apto para niños, por cierto. Si bien muchos aprecian este cambio, algunos echan de menos el relato emocional que define las producciones clásicas de la marca. Aun así, el enfoque innovador y la animada celebración de la cultura neoyorquina hacen de *Mad Apple* una experiencia excepcional.

Nine Fine Irishmen

Construido en Irlanda y enviado pieza por pieza a EE UU, el *pub* Nine Fine Irishmen cuenta con amplios reservados y mesas en la terraza junto al

NUEVA YORK EN LA 'CIUDAD DEL PECADO'

Con un precio de 460 millones de dólares, el resort New York-New York se inauguró en 1997. Unos años más tarde, tras los atentados terroristas del 11 de septiembre, comenzaron a llegar homenajes espontáneos, sobre todo camisetas de policías y bomberos de todo el país. Estos regalos se expusieron durante más de una década como una especie de monumento delante de la Estatua de la Libertad del complejo.

New York–New York

KIT LEONG/SHUTTERSTOCK

UNA PAUSA
Bar at Times Square es famoso por sus duelos de piano. Si uno no llega temprano se arriesga a esperar fuera, en Greenwich Village, donde los que llegan tarde se esfuerzan por ver a qué se divierten dentro.

puente de Brooklyn. Las propuestas de ocio en vivo son una mezcla de *rock* celta y melodías tradicionales irlandesas, con ocasionales canciones a coro, además de una gran fiesta el día de San Patricio.

Se puede disfrutar de la exquisita cocina casera de su buena carta, que incluye pastel de carne, salchichas con puré de patatas, bocadillos de carne en salmuera y otros platos típicos de *pub,* regados con abundante Guinness. Para los vegetarianos hay ensalada de queso de cabra y encurtidos.

Alojamiento en el New York-New York

Aunque las habitaciones y suites del New York-New York no destacan precisamente en el Strip, suelen obtener reseñas positivas, y en el 2023 se hizo un rediseño de 63 millones de dólares que incorporó ladrillos vistos y detalles en tono amarillo taxi, además de servicios de mejor categoría. La obligatoria **tarifa del resort** por noche *(42 US$ más impuestos)* incluye el acceso al gimnasio y wifi.

★ IMPRESCINDIBLE

LINQ Promenade

El LINQ Promenade es un gigantesco paseo al aire libre con restaurantes, propuestas de ocio y tiendas, que transformó por completo el antes deslucido tramo del Strip entre el clásico Flamingo y el renovado hotel-casino LINQ. Aunque Caesars Entertainment vendió el lugar a unos inversores inmobiliarios por 275 millones de dólares en el 2024, su atractivo aún perdura.

High Roller y Fly LINQ

PLANO: P. 46 **C1**

La mayor noria del mundo, la High Roller *(caesars.com/linq/high-roller; adultos/niños desde 29/10 US$)* se eleva 167 m sobre el paseo. Cada una de las 28 cabinas (con aire acondicionado) está cubierta por vidrio italiano artesanal y tiene capacidad para 40 personas, y algunas ofrecen la modalidad Happy Half Hour, con **barra libre** de bebidas para mayores de 21 años *(desde 69 US$; a veces hay ofertas en línea)*. También hay un bar que vende bebidas alcohólicas que pueden llevarse a bordo. En el exterior, 2000 luces LED de colores brillan desde el anochecer hasta el amanecer. Cada vuelta dura unos 30 min.

Más adrenalina ofrece la **Fly LINQ Zipline** *(desde 49 US$ más impuestos)*. Se salta desde una torre de 12 pisos sobre el paseo y se alcanzan velocidades de hasta 56 km/h. Se termina el recorrido a más de 300 m de distancia, en la High Roller.

CONSEJO
La esquina suroeste de cada cabina de la High Roller ofrece las mejores vistas del Strip (a la derecha de la puerta al entrar).

Brooklyn Bowl

Brooklyn Bowl domina el LINQ Promenade (salvo la enorme noria, claro). Este local de moda inspirado de las calles de Manhattan es una especie de bolera vanguardista con reconfortante cocina *gourmet* y conciertos increíbles de superbandas *indies* que suelen encabezar eventos como el Coachella

Escanea este código QR para precios y reservas de la High Roller.

KOBBY DAGAN/SHUTTERSTOCK

UNA PAUSA
Se puede comer algo rápido en **Jaburritos** (p. 96; que sirve *sushi* y burritos) o en la hamburguesería favorita de California, In-N-Out.

Valley Music and Arts Festival de Indio (California) y el SXSW de Austin (Texas).

Virgil's Real BBQ

Hay muchísimas opciones gastronómicas divertidas e informales para disfrutar en el LINQ Promenade, pero si nunca se ha probado la auténtica cocina sureña, con sus deliciosas carnes ahumadas, sus chuletitas, su polenta con queso y sus guarniciones caramelizadas, hay que dirigirse directamente a Virgil's Real BBQ.

Minus5 Ice Bar

El Minus5 Ice Bar *(entrada desde 24 US$)* es un paraíso helado donde todo (las paredes, los asientos y hasta los vasos) es de hielo. Vestidos con calientes parkas o abrigos de piel sintética, los visitantes disfrutan de luces LED, música animada y esculturas de hielo que van cambiando.

★ IMPRESCINDIBLE

Cosmopolitan

El Cosmo, el casino más moderno del Strip, evita ser demasiado pretencioso. Pese a ello, hay guiños constantes a la sofisticación: adornos artísticos retro como las Art-o-Mats (antiguas máquinas expendedoras de cigarrillos que ofrecen arte original en vez de nicotina) y estatuas antropomorfas de, por ejemplo, un perro y un conejo montados a caballo.

Bar Chandelier

PLANO: P. 46 **C2**

En lo más alto del Cosmopolitan, el bar de cócteles Chandelier es de una sencilla belleza, con tres plantas conectadas por escaleras curvas, y adornadas con brillantes cuentas de vidrio. En la 2ª venden brebajes experimentales como la *verbena,* que lleva *paracress,* una planta con efecto analgésico, que adormece la lengua. Este cóctel no aparece en la carta, ya que supuestamente es un secreto, pero a los camareros les piden constantemente que lo preparen.

CONSEJO
Hay que pasear por el fabuloso vestíbulo y el casino, y echar un vistazo a la colección de bellas artes gratuita que se encuentra al lado, en el Aria.

Marquee

La glamurosa discoteca del Cosmopolitan deslumbra con su sistema de sonido multimillonario y una vibrante pista de baile rodeada de enormes pantallas con proyecciones de luz que complementan temas de música de baile electrónica cuidadosamente seleccionados por famosos DJ. Durante todo el año, su popular club de piscina diurno ofrece animadas fiestas con vistas al Strip, con cabañas y bungalós VIP.

Bufé de Wicked Spoon

Wicked Spoon (p. 96) le da a los bufés de casino un toque contemporáneo, con comida fresca en platos individuales para controlar las raciones. El menú incluye todo tipo de carnes, *sushi,* marisco y los clásicos postres, con novedades como tuétano asado

Escanea este código QR para precios y reservas.

Planta 2ª del Cosmopolitan

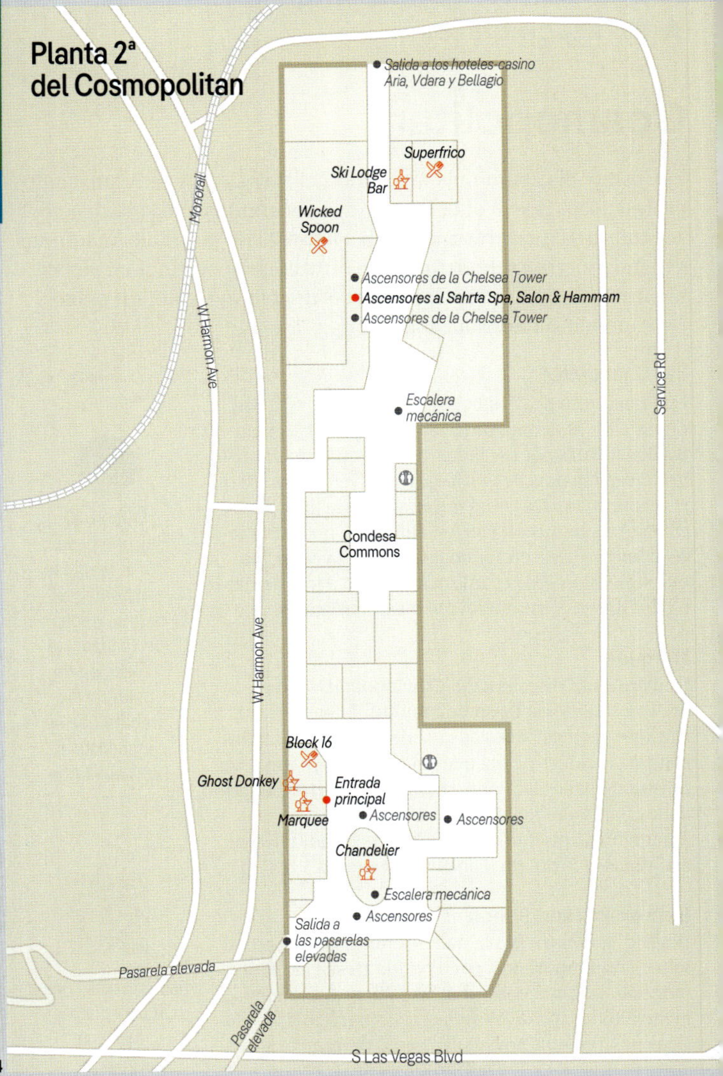

y una barra de helados. La tarifa estándar es de 62 US$, a la que se puede añadir champán, *mimosas* o *bloody Marys* ilimitados por 30 US$ más.

Ghost Donkey

Escondido tras una puerta con la ilustración de un burro en la zona de comidas de Block 16, Ghost Donkey ofrece una escapada íntima (aforo de 27 personas) con una impresionante selección de tequilas y mezcales. Entre los cócteles hay *manhattans* de maíz ahumado y coco, con *whisky* oaxaqueño de maíz morado Sierra Norte, mezcal Verás Joven, licor de coco Clément Mahina, vermut Punt E Mes y *bitters* de mole. Otro favorito es *lucha libre,* que combina mezcal Fidencio Clásico, ron Zaya Gran Reserva de 16 años, Fernet-Branca, Coca Cola mexicana, y lima. Estas bebidas se maridan con nachos con trufas, bistec, mole o huitlacoche.

Superfrico y Ski Lodge Bar

Tras unas enormes puertas moradas, se encuentra Superfrico, "un restaurante psicodélico italoamericano" que también es un teatro. Dentro, las luces de neón, el arte surrealista y las disparatadas actuaciones en vivo crean un ambiente lisérgico. Además, la innovadora comida es excepcional. Entre los platos estrella están la *mozzarella*, que se prepara junto a la mesa, la lujosa *pizza* de langosta y caviar, y pastas creativas como *agnolotti* de carrillera de ternera. La carta de cócteles es igual de sorprendente.

Sahra Spa, Salon & Hammam

El **'spa'** del Cosmopolitan está especializado en tratamientos extravagantes y "transformaciones" inspiradas en las tradiciones de Oriente Próximo del baño y la exfoliación. Se puede alquilar el *hamam* de piedras calientes para uno solo o para un grupo, seguido de una envoltura de arcilla con aroma a cardamomo, una exfoliación corporal completa o un masaje. Resérvese con antelación.

DE COMPRAS
Hay elegantes *boutiques* repartidas por el Cosmo. Además, **Shops at Crystals** (p. 99), justo al lado, es un atractivo centro comercial. Destaca la marquesina angular de vidrio que sobresale hacia Las Vegas Blvd, y en el interior una "casa en un árbol" de tres pisos hecha de madera suave y oscura, así como una instalación de arte compuesta por tubos de neón y embudos revestidos de vidrio donde se arremolina el agua.

CHIZHEVSKAYA EKATERINA/SHUTTERSTOCK

UNA PAUSA
Block 16 (p. 97) fue la primera zona de restauración de Las Vegas, y sigue siendo de las mejores. Entre sus restaurantes más destacados están Hattie B's Hot Chicken y Bang Bar by Momofuku, de David Chang.

Ice Rink

Cada temporada navideña, el Cosmo transforma su Boulevard Pool de la azotea en un paraíso invernal con una impresionante pista de hielo de 390 m^2. Con espectaculares vistas del Strip, la pista acoge festividades como la ceremonia de encendido del árbol, fiestas de temática navideña y proyecciones de películas en la carpa de 20 m del resort.

Alojamiento en el Cosmo

Con al menos ocho elegantes tipos de habitación para elegir, desde las más grandes hasta las más lujosas, las habitaciones del Cosmo se encuentran entre las más codiciadas del Strip. Unas 2200 de sus 2900 estancias (todas salvo las más básicas) tienen balcón, muchas cuentan con bañeras japonesas profundas y todas lucen lujosos muebles y encantadores detalles de diseño.

★ IMPRESCINDIBLE

Paris Las Vegas

Claro que esta versión en miniatura de la capital francesa carece del encanto de la ciudad de la luz, pero sus esfuerzos por emular los monumentos de París, incluida la Torre Eiffel -de la mitad de su tamaño real- y el Arco del Triunfo -de dos tercios-, hacen de este hotel-casino temático una parada divertida.

PLANO: P. 46 **C2**

Mirador de la Torre Eiffel

Familias y parejas acuden en masa a la **Eiffel Tower Experience** *(adultos/niños desde 25/19 US$)* y hacen fila para subir en ascensor a 164 m de altura y disfrutar de magníficas vistas de 360º, con el Bellagio y sus fuentes al otro lado de la calle. Vale la pena hacerlo de día, pero las vistas nocturnas del Strip, con los carteles de neón y las fuentes danzantes del Bellagio iluminadas, son impresionantes.

Eiffel Tower Restaurant

Puede que parezca algo hortera cenar en una réplica con aire de parque temático del símbolo por excelencia de la capital gala, pero no hay que apresurarse a juzgar el Eiffel Tower Restaurant. En este restaurante de alta cocina, situado a media altura de la torre, la carta de vinos franceses es extensa; el suflé de chocolate, inolvidable; y las vistas del Strip y las fuentes del Bellagio, impresionantes. El *brunch* es la mejor opción, pero es más popular al atardecer. Es esencial reservar.

Beer Park

En un lugar privilegiado bajo de la Torre Eiffel, es una cervecería al aire libre con vistas a las fuentes del Bellagio, con variedades de barril de todo el mundo y un ambiente cordial y relajado donde es muy fácil conocer a otros viajeros o amantes del líquido ámbar.

CONSEJO

Si no hay dinero para cenar en el Eiffel Tower Restaurant, o para subir al mirador, uno de los mejores lugares gratuitos para ver las fuentes danzantes del Bellagio es la cervecería **Beer Park.**

Escanea este código QR para precios y reservas.

Paris Las Vegas

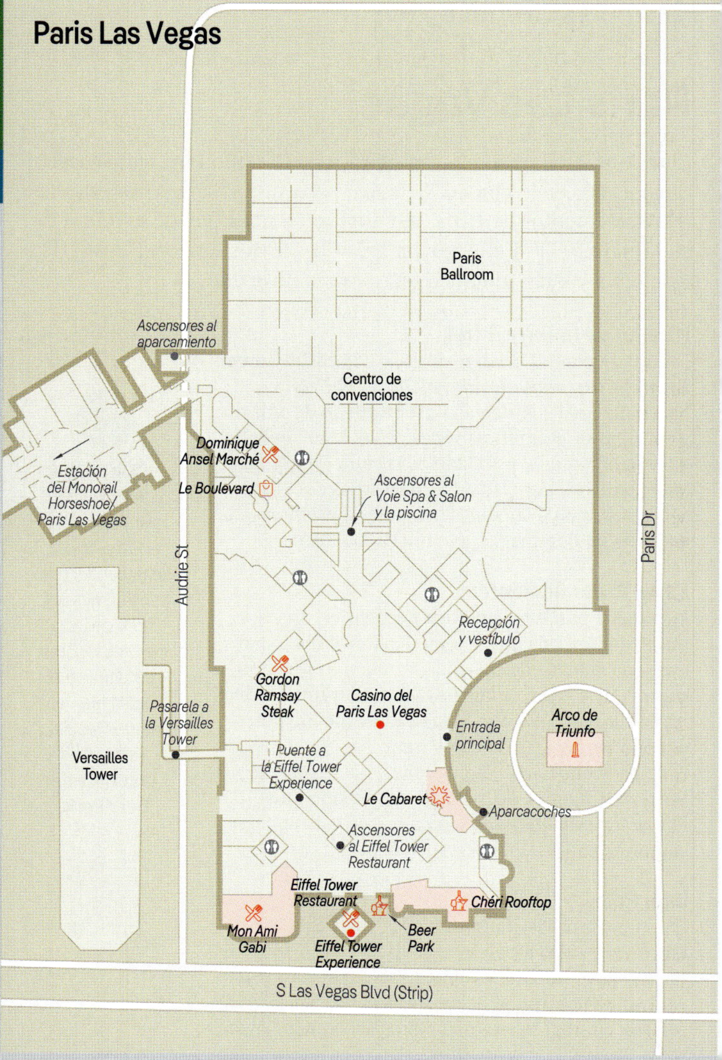

Voie Spa & Salon

Remodelado en el 2019, este completo **'spa' y sala de belleza** ofrece tratamientos con el perfume regional francés que se prefiera, y todos los productos son de origen galo. Tal y como es de esperar tras una renovación de 3,75 millones de dólares, es de lo más lujoso.

Le Cabaret

En una ciudad donde el ocio es el rey, es bueno saber que algunas cosas buenas de la vida siguen siendo gratis. Junto al casino de Paris Las Vegas, el íntimo Le Cabaret presenta dos funciones consecutivas los fines de semana.

En la primera (21.00), las artistas cantan y bailan al ritmo de la música pop con atuendos exagerados. Vuelven a las 22.00 con un vestuario inspirado en el cancán e interpretan el número de "Lady Marmalade" de la película *Moulin Rouge*. Ambas funciones se repiten una hora más tarde y pueden verse desde las mesas o la barra mientras se degusta un *martini* clásico.

Chéri Rooftop

Inspirado en las *mid-century Parisian garden parties,* que reproducen su imagen del *glamour* parisino de mediados del s. xx, con lámparas de araña y asientos tapizados, Chéri Rooftop abrió en el 2023 con excelentes críticas. Para el *brunch,* ofrece tostada francesa con *crème brûlée* y bayas, mientras que para la cena destaca el pato a la pimienta con *pavé* de patata y salsa de pimienta verde. La excepcional experiencia gastronómica se realza con las impresionantes vistas de las fuentes del Bellagio y la Torre Eiffel, y se disfruta mejor con su cóctel destacado, el *Eiffel sour.*

Gordon Ramsay Steak

Si se deja atrás París y se da un paseo por un Eurotúnel en miniatura se llega al **asador** del chef escocés Gordon Ramsay (p. 97). Decorado con

ALOJAMIENTO EN EL PARIS LAS VEGAS

Las habitaciones del Strip rara vez tienen terraza, pero una remodelación de la Versailles Tower ha incorporado algunas con vistas a las fuentes del Bellagio. Las renovadas evocan un estilo parisino en su paleta de color, distribución y mobiliario, y una nueva pasarela peatonal conecta la torre con el resto del complejo. La **tarifa del resort** Paris Las Vegas es de 57 US$/habitación/noche.

CHIZHEVSKAYA EKATERINA/SHUTTERSTOCK

UNA PAUSA
Si hay que comer algo rápido y barato (sin vistas), a la vuelta de la esquina está **Ramen-ya Katana** (p. 96), que sirve *ramen* californiano-japonés.

cintas rojas y coronado por la Union Jack, es de los mejores de la ciudad. Pescado, chuletas y la destacada ternera Wellington completan una carta de filetes curados en sal del Himalaya.

Mon Ami Gabi

Este encantador bistró ofrece mesas en la terraza a la sombra de la Torre Eiffel, con vistas a las fuentes del Bellagio. Ofrece filetes con patatas fritas y mejillones, crepes, *quiches* y ensaladas, además de una respetable carta de vinos y un menú sin gluten.

More Cronuts!

Dominique Ansel, pastelero ganador del James Beard Award y creador del Cronut®, inauguró su versión de un mercado callejero parisino, el **Dominique Ansel Marché,** a finales del 2024. El local de 464 m^2 está especializado en crepes de alforfón, carnes de rosticería y, obviamente, el emblemático Cronut®.

★ IMPRESCINDIBLE

Venetian y Palazzo

Inspirado en el esplendor de la ciudad más romántica de Italia, el Venetian presume de reproducciones de lugares emblemáticos, incluido un émulo del Gran Canal en el que incluso se puede dar un paseo en góndola. Junto con el adyacente Palazzo, más moderno y refinado, es el segundo resort turístico más grande del mundo.

Un pedazo de Italia

Aunque uno haya tenido la fortuna de pasear por las calles adoquinadas y navegar por los románticos canales de la mundialmente famosa ciudad italiana, no querrá perderse la versión de Las Vegas: en una ciudad llena de espectáculos, el del Venetian es despampanante, con elegantes puentes, canales y vibrantes plazas que imitan el ambiente veneciano.

Arquitectura

En la competición por ser la mejor imitación arquitectónica de Las Vegas, el Venetian se alza con el premio al diseño más elegante, superando por poco al Bellagio, su rival de estilo italiano del Strip. Se puede contemplar el impresionante exterior al acercarse por una pasarela peatonal elevada. Destacan las réplicas a escala del palacio Ducal, el altísimo *campanile,* la versión reducida del puente de Rialto (con unas anacrónicas escaleras mecánicas) y una concurrida plaza adoquinada donde los turistas observan a las parejas que se besan en las góndolas dirigidas por gondoleros con camisetas a rayas. En el **Grand Canal Shoppes** (p. 99), juglares con atuendos coloridos y sopranos de ópera pasean entre los clientes que beben vino en cafeterías con falsas terrazas en una pequeña plaza de San Marcos.

PLANO: P. 46 **F6**

CONSEJO
Los casinos y las tiendas están conectados por pasarelas interiores y exteriores. Dar un **paseo en góndola** es una forma divertida (aunque cara) de descubrir este delirante lugar.

Escanea este código QR para precios y reservas.

TARIFA DE RESORT
La obligatoria **tarifa nocturna del resort** (50 US$ más impuestos) incluye wifi en la habitación y acceso al gimnasio (Canyon Ranch) del Grand Canal Shoppes, en el Venetian.

UNA PAUSA
La Little Italy de Las Vegas es un auténtico escenario gastronómico, con una selección estelar de restaurantes con chefs famosos y sabores internacionales. Destaca **Bouchon** (p. 96), la interpretación de un bistró lionés a cargo del niño prodigio del valle de Napa Thomas Keller.

Paseo en góndola

Pese a que pueda parecer un tanto ridículo, un paseo en góndola *(34 US$/persona, privados 136 US$)* en Las Vegas es una actividad turística que resulta atractiva para visitantes de todo el mundo. Se puede elegir entre un paseo al aire libre a la luz de la luna en el pequeño lago del resort, frente al Strip, o flotar por los sinuosos canales interiores entre compradores y comensales. Los billetes están disponibles en el Grand Canal Shoppes del Venetian y a la entrada del paseo.

Sphere

Una de las incorporaciones más icónicas al perfil urbano de Las Vegas es Sphere *(thesphere.com)*, una esfera de 111 m de diámetro con una intrincada red de luces LED en el exterior y una vanguardista sala de conciertos, películas y otras exposiciones interactivas (aparte de la mayor pantalla LED envolvente del mundo) en el interior.

Desde su inauguración en el 2023, esta futurista bola de ocio ha acogido conciertos de U2, Phish y otras grandes figuras. El público también acude en masa a la **Sphere Experience** *(desde 94 US$)*, una demostración de tecnología a cargo de cinco robots humanoides en el vestíbulo, seguida de la producción multisensorial (50 min) de Darren Aronofsky llamada *Postcard From Earth*. Entre la ciencia ficción y la llamada a la acción contra el cambio climático, la película sumerge al público en algunos de los entornos más impresionantes del planeta, así como en aromas, vibraciones, niebla y viento.

Grand Canal Shoppes

Uno hay que sorprenderse si se encuentran famosos de Hollywood paseando por las elegantes tiendas del **Grand Canal Shoppes at the Palazzo.** Estas se unen a las del **Grand Canal Shoppes at the Venetian** (p. 99), donde coloridos juglares,

Venetian y Palazzo, 1ª planta

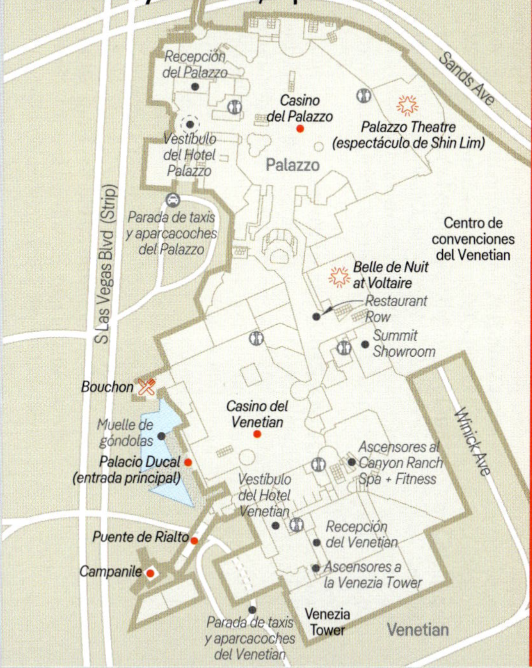

Venetian y Palazzo, 2ª planta

VENETIAN CONTRA PALAZZO

El sofisticado Palazzo ha seguido la tendencia del Strip hacia un lujo más refinado y es reconocido por su impecable servicio, alta cocina, suntuoso complejo de piscinas y tiendas de lujo. Por su parte, el Venetian destaca por su ocio y espectáculos de primera, una animada vida nocturna, un club de piscina y locales dirigidos por chefs famosos.

malabaristas y estatuas vivientes actúan en una plaza de San Marcos de pega mientras pasan las góndolas y las *mezzosopranos* cantan a los compradores. En total hay más de 150 tiendas, muchas de ellas de marcas de lujo.

Espectáculos

Escondido en el laberíntico Grand Canal Shoppes, el **'Atomic Saloon Show'** de Spiegelworld es un espectáculo tan deslumbrante como vulgar. Esta farsa de temática wéstern está protagonizada por una provocativa madama, un vaquero medio desnudo con diamantes de imitación y una monja pecadora con un tremendo e inusitado talento con las pelotas de *ping-pong*. Las balaustradas de madera, los bancos de iglesia, las vidrieras y los balcones curvos del teatro evocan el s. XIX, y su bar clandestino, el Cow Hide, sirve cócteles potentes antes, durante y después del espectáculo.

Además, el extenso complejo añadió recientemente un espectáculo de *disco*-cabaret, **'Belle de Nuit at Voltaire',** en el íntimo local *lounge* donde Kylie Minogue fue artista residente en el 2024. **Shin Lim,** un popular mago local que se dio a conocer en *America's Got Talent,* ha trasladado su residencia con trucos con cartas y prestidigitación del ahora demolido Mirage al Palazzo Theatre.

Canyon Ranch Spa + Fitness

El moderno Canyon Ranch Spa + Fitness *(pase de un día 125 US$),* un *spa* de Arizona enfocado en la salud, no puede parecer más alejado de los callejones y canales de Venecia, pero aquí está. Centrado en el bienestar, y con más de 150 servicios de *spa,* salón de belleza y actividades de *fitness,* está especializado en masaje y terapias para parejas. En el circuito de hidroterapia del *spa,* se pasa tranquilamente de un *laconium* de hierbas a una gruta de sal o a una sala iglú. El café del *spa* sirve cocina ligera y batidos de frutas frescas. *La vida es bella.*

LITTLE VIGNETTES PHOTO/SHUTTERSTOCK

Alojamiento en el Venetian y el Palazzo

Las habitaciones del Palazzo y el Venetian son similares en tamaño, diseño y precio, pero el Palazzo es casi una década más joven que su hermano mayor. En 2024 el Venetian inauguró una renovación de 1500 millones de dólares que incluía sus 4000 suites, que ahora están inspiradas en trajes del Carnaval veneciano. Tanto el Venetian como el Palazzo ofrecen las suites más lujosas del Strip.

Las suites "estándar" de cinco estrellas ofrecen gran variedad de diseños, y cada suite tiene un salón hundido. La imponente torre Venezia del Venetian cuenta con una piscina privada, mientras que el Palazzo ofrece ventajas especiales para los huéspedes de la Prestige Suite. El registro es privado y rápido, se garantizan mejoras de categoría con vistas gratuitas cuando estén disponibles y las bebidas son gratuitas de 16.00 a 19.00. Un servicio privado de conserjería ayuda a reservar cenas y entradas para espectáculos.

APUESTAS

Una sala de juego para altas apuestas, una casa de apuestas deportivas y una enorme sala de póker (la mayor de Las Vegas) en la 2ª planta del Palazzo fueron parte de la renovación del lugar de 1500 millones de dólares.

★ IMPRESCINDIBLE

Wynn y Encore

Aunque el empresario de casinos Steve Wynn ya no esté en escena, sus gemelos Wynn y Encore, curvilíneos, exclusivos y de tonos cobrizos, siguen cautivando. El Wynn tiene un estilo similar al Bellagio, solo que más vibrante, mientras que el Encore parece un trocito de la Riviera Francesa.

PLANO: P. 46 **F5**

CONSEJO
La **obligatoria tarifa nocturna del resort** (50 US$ más impuestos) incluye wifi en la habitación, acceso al gimnasio y a la piscina, y un conserje exclusivo para ayudar con reservas de cenas y *tee times* de golf.

Escanea este código QR para precios y reservas.

Wynn

El emblemático hotel-casino de Steve Wynn, cuyo nombre está escrito en lo más alto del edificio, rezuma secretismo: la entrada está oculta desde el Strip por vegetación artificial, que en algunos tramos alcanza hasta siete pisos de altura. Dentro (foto), el resort cobra vida con vivos colores, mosaicos de flores incrustadas, ventanas que dejan pasar abundante luz natural, exuberante vegetación y cascadas.

Uno de sus atractivos es el **Wynn Golf Club,** un campo de campeonato de 52 Ha y 18 hoyos (el único en el Strip) con una cascada de 10 m de altura tras el hoyo 18. Hay otra cascada en el **Lake of Dreams,** una fuente con una montaña de 40 m de altura cubierta de pinos como telón de fondo. De noche se convierte en un escenario de espectáculos rotativos, uno de los cuales presenta una rana animatrónica con la voz de Garth Brooks.

Encore

La caligrafía de Wynn también etiqueta el adyacente resort Encore, donde pavos reales enjoyados adornan la elegante sala de bacará y los jugadores empedernidos apuran los *martinis* en los bares del casino. Al tomar el sol en el moderno **Encore Beach Club** (p. 98) en verano, uno se siente como un extra en el videoclip de una superestrella de *hip hop*. Dentro, la glamurosa discoteca **XS** (p. 98)

KOBBY DAGAN/SHUTTERSTOCK

acoge a DJ y músicos de fama mundial. El extravagante **Spa at Encore** es de los mejores del Strip. Aquí es posible pasear por tranquilos pasillos adornados con lámparas de Oriente Próximo y estatuas de Buda, sumergirse luego en profundas piscinas calientes o frías bajo lámparas de araña de cristal de Swarovski, o recostarse en una tumbona caliente antes de probar un masaje tailandés de fusión de aceites o una envoltura de barro marroquí. La entrada al *spa* y al gimnasio *(125 US$)* es gratis si se ha reservado un tratamiento.

Alojamiento en el Wynn y el Encore

Los hoteles Wynn y Encore ofrecen uno de los alojamientos más lujosos de la ciudad. Las habitaciones de ambos tienen todo lo necesario: enormes ventanales y TV de pantalla plana, camas con acolchado adicional y sábanas de algodón egipcio, y enormes baños con grandes bañeras y productos de baño de alta gama. En las espaciosas estancias de la Tower Suites del Wynn, se ofrece registro VIP exclusivo y desayuno o *brunch* de cortesía.

UNA PAUSA
Hay que seguir el aroma del pan recién horneado hasta el íntimo **La Cave.** Con sus arcos y la luz de las velas, uno puede imaginar que está tomando unas tapas y un vino en España.

Wynn y Encore

Dónde cenar en el Wynn y el Encore

Los restaurantes aquí se centran menos en la fama y más en la alta cocina, con precios elevados acordes con la calidad. Un buen ejemplo es **Wing Lei** (p. 97), el primer restaurante chino de Norteamérica en ganar una estrella Michelin. Su carta incluye sabores cantoneses y sichuaneses. Lo más memorable es el pato a la pekinesa. Hay que reservar e ir elegante.

Sin embargo, las mesas más solicitadas se encuentran en el club **Delilah** (p. 97), que rezuma un aire hollywoodiense de la década de 1920 y atrae a gran número de famosos. Destaca el famoso suflé de zanahoria con copos de maíz con azúcar o el cóctel clarificado inventado en una colaboración con Kylie Minogue y la talentosísima mixóloga del resort, Mariena Mercer Boarini.

Por último, hay que intentar conseguir mesa en el asador **Four Sixes Ranch.** Su creciente popularidad sugiere que algún día tendrá su propio local.

Ocio

Ambos hoteles ofrecen ocio inolvidable en escenarios imponentes. La excelente producción circense del Wynn, **'Awakening',** cautiva con su extraordinario espectáculo, una mítica aventura con una innovadora escenografía, un elaborado vestuario y la narración de Anthony Hopkins. Interpretado en un teatro de 360º construido a medida con aforo para 1600 personas, el espectáculo presenta imágenes y sonidos de vanguardia, sumergiendo a los espectadores en la que se considera la producción más ambiciosa del Strip.

El cercano **Encore Theater,** un elegante recinto con aforo para 1500 personas y una acústica impecable, alberga una impresionante programación rotativa. Leyendas de la música como Lionel Richie ofrecen actuaciones, el ilusionista David Blaine deslumbra con sus audaces hazañas, y estrellas de la comedia como Jim Gaffigan animan el ambiente.

LA REINA DE LOS CÓCTELES

Los estimulantes elixires de Mariena Mercer Boarini se pueden degustar en los bares y restaurantes de los resorts y en otros lugares. Son especialmente deliciosas sus creaciones para **Aft Cocktail Deck,** que llevan el nombre e inspiración de destinos como Ibiza, Cozumel y Mónaco, y se sirven directamente en la mesa frente al agua en el Lake of Dreams.

CIRCUITO A PIE

Un paseo por el Strip

El Strip es vasto y vibrante, con una extensión de más de 6,4 km. Pero algunos de los lugares más emocionantes y casinos clásicos están en torno a un tramo de 3 km del centro. En este paseo, uno se siente como si recorriera Europa a saltitos, con paradas en una Torre Eiffel reducida, una réplica de la antigua Roma y canales de estilo veneciano con gondoleros cantando.

INICIO	FINAL	DURACIÓN
Cosmopolitan	Palazzo	3 km; 3 h

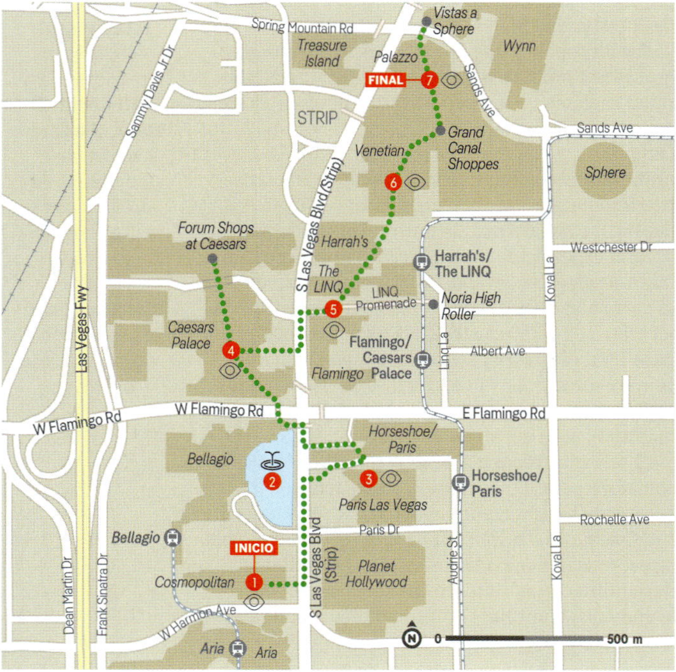

1 De moda en el Strip

Se comienza en el resort más moderno del Strip, el **Cosmopolitan** (p. 63). Tras admirar el arte contemporáneo, se exploran las *boutiques* del 2º piso y se toma una bebida en el fabuloso **Chandelier** (p. 63). Rodeado de brillantes cortinas de cuentas de vidrio, el bar de cócteles de tres pisos parece colgar como un adorno resplandeciente en el centro del resort.

2 Fuentes

Se sigue por el Strip en dirección norte hacia las populares fuentes del **Bellagio** (p. 48), donde el agua alcanza los 140 m de altura en un espectáculo sincronizado con música pop, clásica y de musicales. Dentro, hay esculturas de flores de cristal y arreglos florales de temporada en el invernadero, así como la Gallery of Fine Art del Bellagio, "donde el arte va de vacaciones".

3 'Vive la France'

Se cruza la calle para empaparse del ambiente del **Paris Las Vegas** (p. 67). Se sube a la Torre Eiffel en un romántico paseo para admirar las vistas desde un mirador, o se disfruta de una crepe entre las réplicas de los monumentos más famosos de París.

4 Cuando a Roma fueres...

Luego hay que tomar la pasarela elevada sobre Las Vegas Blvd y la que salva Flamingo Rd y llega hasta el **Caesars Palace** (p. 90), una fantasía de la Antigüedad clásica donde las fuentes brotan bajo techos con falsos frescos. Se pasea por el enorme Forum Shops y se sale del centro comercial por la gran escalera de caracol.

5 Promenade

Se cruza Las Vegas Blvd para llegar a la ecléctica colección de tiendas, restaurantes y locales de ocio del **LINQ Promenade** (p. 61). Aquí también se puede ir a la bolera, subirse a la **High Roller** (la segunda noria más alta del mundo) o sobrevolar el paseo en la Fly LINQ Zipline.

6 ¡Esto es 'amore'!

Más al norte del Strip aguarda el elegante **Venetian** (p. 71), con sus canales y puentes de mármol de imitación. Se disfruta de un paseo en góndola por el Grand Canal Shoppes, un centro comercial de lujo donde suele haber famosos. Luego, hay que darse un capricho: comer un helado en la plaza de San Marcos.

7 Casino de jugadores empedernidos

Pasando junto a más tiendas se llega al **Palazzo** (p. 71), el hermano menor del Venetian y el mayor casino de Las Vegas. Se posa para una foto delante de la cascada del vestíbulo y se termina en el puente sobre Sands Ave para disfrutar de magníficas vistas de **Sphere** (p. 72), la nueva estrella de Las Vegas.

CIRCUITO A PIE

El Strip un sábado por la noche

Si el objetivo del viaje a Las Vegas es beber, ver espectáculos, ver atracciones y pasarlo en grande, esta pequeña muestra de las mejores actividades nocturnas del Strip es ideal. También incluye paradas para comer algo grasiento y no tener demasiada resaca.

INICIO	FINAL	DURACIÓN
Big Elvis	Secret Pizza	1,6 km; 2 h

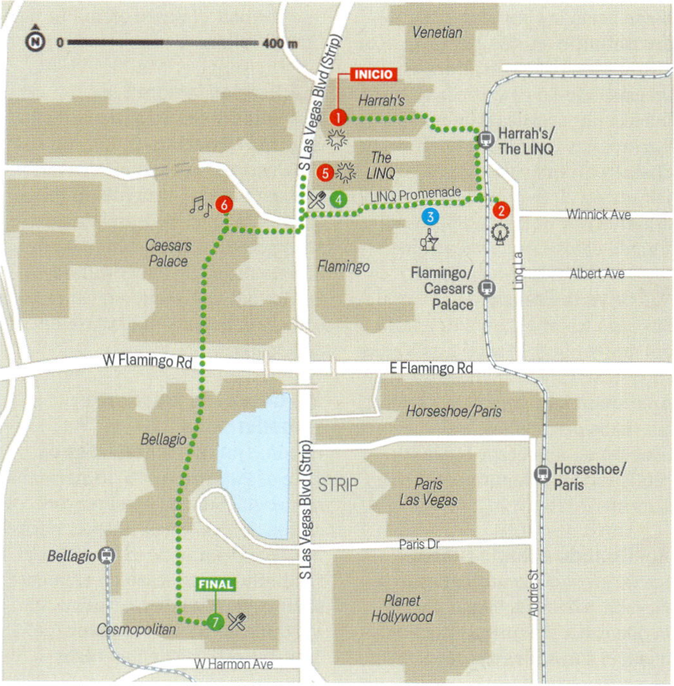

1 Una visita al Rey

Se empieza con buen pie con el espectáculo **'Big Elvis'** (p. 94) de Harrah's a las 17.00. El imitador Pete Vallee tiene una voz espectacular y un carisma que inspira un fervor casi religioso. Este espectáculo gratuito es un clásico del Strip desde el 2002.

2 Ascenso

Se sale por la puerta trasera de Harrah's y se baja al comienzo del LINQ Promenade para subir a la **High Roller** (p. 61). Las cabinas con aire acondicionado se iluminan de noche con luces LED, y los mayores de 21 años pueden reservar la opción con barra libre para el paseo de 30 min.

3 Relajación

Hay cosas en Las Vegas que se hacen por la novedad. **Minus5 Ice Bar** (p. 62) ayuda a romper el hielo de la lista de quehaceres. Al llegar a este bar helado a un paseo del LINQ Promenade, prestan abrigos y gorros de invierno antes de entrar al sanctasanctórum, a una temperatura gélida. Todo está hecho de hielo, desde las artísticas esculturas hasta las copas de cóctel. No se permiten cámaras.

4 Hora de cenar

En las entrañas del casino del LINQ, uno se deja transportar a la Nueva York de la década de 1970 en **Diner Ross** (p. 96). Decorado con recuerdos de discoteca, sirve cócteles y originales y deliciosos platos, como *popovers* de fuagrás. Es el preludio perfecto para lo que viene después: una desaforada fiesta *disco*.

5 Fiesta 'disco'

Hoy en día, cualquier producción del Strip promete ser inmersiva, pero solo el **DiscoShow** (p. 93) de Spiegelworld, de una energía implacable, transporta al público a los días de gloria de Studio 54. Esto es *Fiebre del sábado noche* en su máxima expresión, con artistas con *minishorts* y tacones de plataforma, y a veces con patines. Hay que ir vestido a tono, como si se fuera parte del espectáculo.

6 Regreso al futuro

Un recorrido nocturno por Las Vegas estaría incompleto sin una visita a uno de los clubes más populares de la ciudad. Justo enfrente del Caesars Palace, el **Omnia** (p. 98), un local de varias plantas y 6968 m², acoge a DJ como Calvin Harris y ofrece vistas impresionantes del Strip desde la terraza. Hay famosos y un ambiente tipo Miami Beach.

7 Porciones de madrugada

La noche termina con un paseo por el Bellagio de camino a **Secret Pizza,** en el Cosmopolitan. A 7 US$ la porción, es una de las comidas más económicas, y abre hasta las 4.00. Como su nombre indica, el local no aparece en ningún sitio. Hay que ir a la 3ª planta de la Boulevard Tower y guiarse por el olfato.

EXPERIENCIAS

Llegar a la fabulosa Las Vegas CARTEL ICÓNICO

PLANO: 1 P. 46 C6

El **cartel de "Welcome to Fabulous Las Vegas",** en el centro del bullicio de Las Vegas Blvd, es un lugar estupendo para empezar a explorar. En una ciudad famosa por sus carteles de neón, este es el rey. Es el comienzo no oficial del Strip.

Diseñado por Betty Willis a finales de la década de 1950, el cartel es un clásico para hacer fotos y un recordatorio del pasado de Las Vegas. Actualmente incluso cuenta con un aparcamiento anexo gratuito. Solo pueden entrar los conductores que se dirijan al sur, quienes entran por la parte posterior del letrero, que recuerda "Conduzca con cuidado" y "Vuelva pronto". Conviene llegar antes de media mañana para evitar las largas colas de turistas en busca de selfis.

Casarse CAPILLA DE BODAS

véase 1

Cerca del icónico letrero de bienvenida, la **Little Church of the West** *(littlechurchlv.com)* es una de las más antiguas de las decenas de capillas de bodas de Las Vegas. Desde 1941 ha acogido bodas de famosos, por ejemplo, la de Judy Garland con Mark Herron, Richard Gere con Cindy Crawford, y Billy Bob Thornton con Angelina Jolie. Alaska y Mario lo hicieron en la Viva Las Vegas Wedding Chapel, a unos 6-7 km, en el centro del Strip.

Vistas desde las alturas MIRADORES

En algún momento de la estancia en Las Vegas es casi obligatorio contemplar desde las alturas y de noche la ciudad centelleante. El mayor mirador del Strip es **The Strat** (PLANO: 2 P. 46 H1; *thestrat.com; desde 20 US$*), que ofrece vistas interiores y exteriores a 350 m de altura. Los adictos a la adrenalina querrán probar las emocionantes atracciones en lo alto de la torre; los más valientes pueden hacer el SkyJump, un salto controlado desde un lateral del edificio con una caída de 252 m hasta el suelo.

Una opción más tranquila es **Top of the World** (véase 2), el restaurante giratorio de alta cocina de The Strat, que ofrece magníficas vistas del valle de Las Vegas.

RECUERDOS DEL CARTEL DE BIENVENIDA

Si alguien se enamora del cartel de "Welcome to Fabulous Las Vegas", hay muchísimos recuerdos con su imagen: pósteres, ceniceros, llaveros, vasos de chupito, tazas, camisetas y una lista interminable. La artista que lo hizo nunca registró el *copyright,* considerándolo un regalo a la ciudad, y esa es una de las razones de su icónica fama, pues nunca se restringió su uso.

Sobrevolar el Strip

PASEOS EN HELICÓPTERO

véase 1

Para los amantes de las vistas, **Maverick Helicopters** ofrece **vuelos** *(maverickhelicopter.com; 12 min desde 109 US$)* sobre el Strip en lujosos helicópteros Airbus con vidrio envolvente y butacas de cuero tipo teatro. También hay vuelos (más caros) a Red Rock Canyon y el Gran Cañón.

Paseo por las estrellas

NOMBRES FAMOSOS

No es ni de lejos tan extenso como el Paseo de la Fama de Hollywood, pero el Strip se ha sumado a la iniciativa de reconocer a algunas de las personas que contribuyeron a su fama colocando sus nombres junto a estrellas a lo largo de las aceras. Están Dean Martin y Frank Sinatra, del Rat Pack, además de los hermanos Donny y Marie Osmond, frente al Flamingo. Delante del Paris, se ve a Wayne Newton y Elvis Presley, así como la veterana artista *drag* Frank Marino. Las estrellas también honran a compositores, filántropos y productores.

Ver un partido

DEPORTES ESPECTÁCULO

Hoy en día el Strip está repleto de aficionados a los deportes. El equipo profesional de *hockey* de los Golden Knights se instaló en el **T-Mobile Arena** (PLANO: 5 P. 46 **B4**; *t-mobilearena.com*) en el 2017 y, poco después, los Raiders de la NFL se mudaron de Oakland a su nueva sede en el **Allegiant Stadium,** valorado en 1900 millones de dólares (PLANO: 6 P. 46 **A6**; *allegiantstadium.com*), junto al Strip. Por otro lado, Las Vegas Aces se ha convertido en un equipo muy querido de la WNBA, y la ciudad también se prepara para la llegada de los Athletics de la Major League Baseball con un nuevo estadio que se está construyendo en el solar del antiguo Tropicana.

En el 2024, miles de aficionados acudieron a Las Vegas para la

LAS MEJORES EXPERIENCIAS INMERSIVAS

Arte Museum

PLANO: 3 P. 46 **C3**

Proyectores, pantallas, luces y equipos de sonido transportan a los visitantes a lugares reales e imaginarios, poniendo la naturaleza en primer plano.

Play Playground

véase 16

En el Luxor, esta experiencia solo para adultos incluye juegos interactivos y desafíos, un castillo inflable y un completo bar.

FlyOver Las Vegas

PLANO: 4 P. 46 **C3**

Emocionante simulador de vuelo que lleva a los visitantes a un viaje impresionante por paisajes icónicos realzados por viento, olores y sonidos.

ATRACCIONES EXTREMAS EN THE STRAT
(véase 2)

Big Shot
En lo alto de una torre, a unos 329 m, los participantes son lanzados unos 48 m a velocidades de hasta 72 km/h, 329 m sobre el Strip, antes de bajar en caída libre.

Insanity
Los participantes giran sobre el borde de The Strat, a 274 m de altura, a bordo de un enorme brazo mecánico que da vueltas y se inclina ofreciendo con emocionantes vistas de la ciudad.

X-Scream
Esta atracción similar a una montaña rusa se bambolea en el borde del edificio, lanzando y dejando suspendidos a los pasajeros sobre el Strip y creando una sensación de gravedad cero.

Super Bowl y, desde el 2023, cada mes de noviembre el Gran Premio de Fórmula 1 de Las Vegas transforma el Strip en un circuito de velocidad de 6 km. Por otro lado, las peleas de la UFC, los campeonatos de boxeo, las carreras de la **NASCAR** y el **National Finals Rodeo** anual siguen atrayendo a multitudes.

Montar en el Monorail TRANSPORTE

El **Monorail** *(lvmonorail.com; sencillo/abono de 1 día 5,50/ 13,45 US$)* es una atracción en sí misma y una oportunidad de ver el deslumbrante perfil de Las Vegas desde un lugar privilegiado. Con velocidades de hasta 80 km/h y una frecuencia de paso de 4-8 min, es también una forma eficiente de desplazarse. La red de 6,3 km tiene siete paradas, incluidas (de sur a norte) las de: MGM Grand, Horseshoe/Paris, Flamingo/Caesars Palace, Las Vegas Convention Center, Westgate y SAHARA Las Vegas. Hay abonos de dos (23,75 US$) y tres días (29,95 US$).

'Tee off', 'drive' y 'putt' GOLF

El golf está de moda en el Strip. Esta tendencia en auge comenzó en el 2016 con **Topgolf** (PLANO: 7 P. 46 **D3**; *topgolf.com/us/las-vegas*), un pabellón de tres pisos con *tee boxes* de alta tecnología que dan a hoyos con forma de diana. Se hace un seguimiento de cada bola tras el impacto, lo que garantiza una diversión llena de datos. El recinto también cuenta con numerosos bares y un par de piscinas, sirve comida exclusiva de *gastropub* y organiza conciertos de *rock* con frecuencia.

El éxito de Topgolf ha allanado el camino a innumerables atracciones similares. **Atomic Golf** (PLANO: 8 P. 46 **H1**; *atomicgolf.com*) tiene cuatro plantas y más de 100 puestos de práctica, ocho zonas de *putting* digitales, y la Astrocade, donde los visitantes pueden ver golf y otros deportes en pantallas gigantes.

Carrera de la NASCAR, Las Vegas (p. 86).
GRINDSTONE MEDIA GROUP/SHUTTERSTOCK

Hay comida *gourmet* del antiguo chef de **Top of the World** (p. 84). **PopStroke** (véase 1; *popstroke.com*) cuenta con dos campos de *putting* de 18 hoyos diseñados por Tiger Woods, una cervecería al aire libre y reparto de bebidas a través de una aplicación. **Swingers Crazy Golf** (PLANO: 9 P. 46 C6; *swingers.club/us/locations/las-vegas*) es una experiencia de minigolf con temática de la campiña inglesa. También hay una fantástica galería de juegos en la planta superior.

Locos por el 'pinball' RECREATIVOS

Un atractivo original en el sur del Strip es el **Pinball Hall of Fame** (véase 1; *pinballmuseum.org*) y su inmensa colección de máquinas de *pinball* y videojuegos de todas las épocas. El lugar está dirigido por un *hippie* encantador y excéntrico que se ha dedicado a escribir a mano tarjetas que explican las inusuales historias de las máquinas restauradas.

Comérselo todo COMIDA

El Strip lleva años atrayendo a chefs famosos. Y aunque aún existen bufés libres y filetes a 10 US$, lo que se lleva hoy son las zonas de restaurantes y locales cada vez más sofisticados, con comidas diseñadas, aunque no preparadas perso-

PARA NIÑOS

Adventuredome

PLANO: 10 P. 46 **F3**

Este parque temático cubierto del hotel-casino Circus Circus *(adventuredome.com)* tiene 25 juegos y atracciones, incluida una montaña rusa y un minigolf. En el exterior, la Splash Zone and Pool cuenta con toboganes de agua de 15 m.

Flamingo Wildlife Habitat

véase 21

Tras el resort homónimo se encuentra un refugio de 1,62 Ha para tortugas, peces y aves exóticas como flamencos. La entrada es gratuita y hay charlas diarias con los cuidadores a las 10.00.

HyperX Arena

véase 16

El centro de "ocio de deportes electrónicos" de 2787 m² del Arena Luxor *(hyperxarenalasvegas.com)* tiene un salón de juegos informal y un recinto para competiciones, equipado con escenario, pantalla de 15 m y salas VIP.

nalmente, por famosos creadores de tendencias. Se puede probar la misma comida que se sirve en aclamados restaurantes de Nueva York, París o Shanghái.

Los gastrónomos más entregados deben contactar con **Lip Smacking Foodie Tours** *(lipsmackingfoodietours.com)*, que guía a través de una variedad de experiencias culinarias como "Savory Bites & Neon Lights" y el "Ultimate Steakhouse Tour". Es una forma estupenda de visitar algunos de los mejores restaurantes de Las Vegas sin tener que buscar ni reservar.

Dejarse mimar

SPA

Casi todos los *spas* de día en hoteles con casino y resorts ofrecen masajes, tratamientos corporales, faciales, manicura y pedicura, depilación y peluquería. Algunos están reservados para huéspedes del hotel los fines de semana y otros, siempre. Si no se es huésped del hotel y se puede entrar, los pases de un día cuestan 20-45 US$, pero esta tarifa suele no cobrarse si se paga un tratamiento de 75 US$ o más. Se suele pagar como 130 US$ por un masaje (50 min) y desde 75 US$ por un tratamiento facial o exfoliación corporal rápidos. Si no se cobra por el servicio, hay que dar al personal del *spa* una propina del 15-20% del total de la factura. La fruta fresca, zumos y tentempiés suelen ser gratis.

Apreciar obras creativas

COLECCIONES DE ARTE

Aunque Las Vegas sea conocida como la "ciudad del pecado", los amantes del arte no tendrán problema para encontrar piezas de calidad. La **Aria Fine Art Collection** (véase 19; *aria.com*) exhibe en todo el resort obras fascinantes como *Big Edge*, de Nancy Rubins, una colección de más de 200 coloridas embarcaciones unidas, y *Silver River*, de Maya Lin, que recrea el río Colorado sobre el mostrador de recepción. El nuevo y fabuloso **Fontainebleau Las Vegas** (PLANO: 14 P. 46 **G3**; *fontainebleaulasvegas.com*) también exhibe en sus espacios públicos arte que invita a la reflexión. Destacan obras como *Historia del tiempo suspendido*, de Gonzalo Lebrija, un coche antiguo de 1134 kg suspendido sobre la superficie de una piscina cristalina delante de la entrada principal, y la escultura cinética *Oceans*, del artista de Brooklyn Andrew Zolty (alias BREAKFAST), que cambia en función de los datos oceánicos en tiempo real y el movimiento de los observadores en el vestíbulo. Y en el **Resorts World Las Vegas** (PLANO: 15 P. 46 **F4**; *rwlasvegas.com*) los visitantes pueden realizar recorridos autoguiados por la vasta colección de bellas artes, que está rotulada con códigos QR que ofrecen cumplida información.

LOS MEJORES 'SPAS' DE RESORT

Awana Spa

PLANO: 11 P. 46 **F4**

Amplio e innovador *(rwlasvegas.com/health-wellness/awana-spa)*, con paredes curvilíneas y técnicas de Aufguss que incluyen aromaterapia, aceites esenciales, música y hasta coreografías.

Lapis Spa

PLANO: 12 P. 46 **G3**

En el Fontainebleau, este espacio de bienestar de 5109 m² cuenta con piscinas de agua fría, una cueva de niebla salina, piscinas de hidroterapia y técnicas de Aufguss.

Qua Baths & Spa

PLANO: 13 P. 46 **B1**

La extensa recreación de un complejo de baños romanos del Caesars cuenta con una "sala de hielo ártico" en la que nieva.

Explorar el Luxor

RESORT

PLANO: 16 P. 46 **C5**

El **Luxor** *(luxor.com)*, llamado así por la antigua ciudad egipcia, es un emblemático destino del sur del Strip, y merece una visita. Su pirámide de vidrio negro de 30 pisos alberga el mayor vestíbulo del mundo, y en su cúspide se encuentra un faro con 40 mil millones de velas visible desde el espacio. El exterior incluye una esfinge de 10 pisos y un obelisco con jeroglíficos grabados.

En el interior predomina la decoración de temática egipcia, con estatuas, paredes de arenisca y réplicas como la del Gran Templo de Ramsés II. Las renovaciones le han aportado un ambiente más elegante, mientras que hay opciones de ocio como la comedia *Carrot Top*, sorprendentemente

LAS MEJORES FUNCIONES DE MAGIA

Magician's Study
Un espectáculo al que solo se puede asistir previa invitación, en un lugar secreto, a cargo de un mago de incógnito cuyo rápido ingenio se acompaña de una magistral habilidad para la prestidigitación.

Shin Lim
Un prodigio de la magia de 30 años, especializado en prestidigitación y trucos con cartas realiza su espectáculo *Limitless* en el Venetian (p. 71).

divertida, y un animado casino con miles de tragaperras y más de 100 mesas de juego.

Probar suerte en el Caesars Palace RESORT

PLANO: 17 P. 46 **B1**

El **Caesars Palace** *(caesars.com/caesars-palace)* afirma haber entregado más premios de un millón de dólares en tragaperras que ningún otro casino del mundo, pero destaca por muchas cosas más. Los pesos pesados del ocio actúan en el enorme Colosseum, los amantes de la moda pasean por Forum Shops y los huéspedes del hotel beben cócteles en el Garden of the Gods Pool Oasis. Por la noche, el megaclub **Omnia** (p. 98) es uno de los mejores lugares para desfogarse a este lado de Ibiza. Las opciones gastronómicas dignas de un emperador incluyen el estimulante bufé **Bacchanal** (p. 96) y restaurantes de chefs de alto nivel como **Nobu** (p. 98), **Restaurant Guy Savoy** (p. 98) y tres locales de Bobby Flay. Amalfi by Bobby Flay celebra la cocina italiana costera con marisco fresco y pastas caseras, mientras que Bobby's Burgers reinventa los clásicos estadounidenses con sabores audaces y aderezos creativos. Brasserie B by Bobby Flay, un concepto de inspiración francesa, se inauguró a finales del 2023, y ofrece comida de bistró de alta gama en un entorno moderno.

Husmear en el MGM Grand RESORT

PLANO: 18 P. 46 **C4**

Propiedad del estudio homónimo, el **MGM Grand** *(mgmgrand.com)* es otro hotel y casino de lujo que se inspira en temas de Hollywood. Las pantallas LED parpadeantes y las fuentes computarizadas añaden un toque teatral a la estatua de un león de bronce de 13,7 m y 45 t situada a la entrada del casino. Dentro, el laberíntico complejo está adornado con pantallas gigantes. Entre los atractivos más destacados se encuentran la discoteca **Hakkasan** (p. 98), antiguo epicentro del universo de la música electrónica de baile; el espectáculo del Cirque du Soleil inspirado en las artes marciales **Kà** (p. 93); y el enorme MGM Grand Garden Arena.

Aria Resort & Casino.
MAKS ERSHOV/SHUTTERSTOCK

Para muchos, el mayor atractivo del MGM Grand es el complejo Grand Pool de la parte trasera, con cuatro piscinas y algunos *jacuzzis*. Lo más destacado es el río lento de 2438 m, el más largo de Las Vegas, que serpentea en torno a las piscinas, pasando por cascadas y bajo puentes con vegetación tropical. Se puede alquilar un flotador o dejarse llevar sin más por la suave corriente. En verano, Wet Republic es el club de piscina del Strip más digno de MTV.

Estudiar en el Aria Campus RESORT

El futurista **Aria Campus** (PLANO: 19 P. 46 **B3**; *aria.com*) combina el elegante **Aria Resort & Casino** (véase 19), una llamativa joya arquitectónica, con el elegante y discreto **Vdara Hotel & Spa** (PLANO: 20 P. 46 **B2**). Antes conocido como CityCenter, ofrece una mezcla de alojamientos de lujo, magníficos restaurantes, tiendas y ocio.

El enorme y bien diseñado casino es un sofisticado lugar de clientela adinerada. Aunque no se vaya a jugar, se puede ir a ver la Aria Fine Art Collection, lucir palmito en la discoteca **Jewel** (p. 98) o probar los elegantes restaurantes, como el moderno local de mariscos de inspiración asiática **Catch** (p. 97).

Caracterizado por su sofisticación y cálida hospitalidad, el Vdara es de los pocos hoteles del Strip

Flamingo (p. 92).
KOBBY DAGAN/SHUTTERSTOCK

que no tiene casino. Es un refugio ideal para escapar del bullicio, y su *spa* recibe constantemente las mejores calificaciones por sus tratamientos de calor, así como por sus relajantes fuentes de piedra.

Evocaciones en el Flamingo

RESORT

PLANO: 21 P. 46 C1

En 1946 el **Flamingo** *(caesars.com/flamingo-las-vegas)* era el tema de actualidad, con sus fantásticas luces de neón naranja y rosa, su decoración deslumbrante, espectáculos al estilo de Broadway y conserjes con esmoquin. Aunque parte de ese encanto se perdió con las últimas reformas, el casino y sus extensas mesas de juego y tragaperras siguen abarrotados.

El viejo Flamingo era un ejemplo perfecto del papel del crimen organizado estadounidense en los orígenes de Las Vegas. Dirigido inicialmente por el mafioso "Bugsy" Siegel, este murió en un asesinato a sueldo en la casa de Beverly Hills de su novia, Virginia Hill, poco después de que abriera el Flamingo. El local había tenido un comienzo lento y los inversores creían que fracasaría, así que "se ocuparon del asunto". Cometieron un grave error: el Flamingo no solo sobrevivió, sino que puso la primera piedra del moderno Strip.

Admirar a los acróbatas — ESPECTÁCULOS DEL CIRQUE DU SOLEIL

Las Vegas es centro neurálgico de los artistas más destacados del mundo, y las actuaciones nocturnas que tienen lugar a lo largo del Strip reflejan esta extraordinaria concentración de talento. El **Cirque du Soleil** *(cirquedusoleil.com/las-vegas-shows)* tiene actualmente cinco producciones en la ciudad. **'O'** (p. 51), en el Bellagio, es un fascinante espectáculo que presenta acrobacias aéreas y arriesgados y surrealistas ejercicios acuáticos. **'Kà'** (véase 18), en el MGM Grand, cuenta una historia de amor y conflicto familiar en un escenario giratorio. **'Michael Jackson ONE'** (p. 55), en el Mandalay Bay, rinde tributo al rey del pop, mientras que **'Mad Apple'** (p. 58) es un homenaje a la gran manzana en el New York-New York. Por último, **'Mystère'** (PLANO: 22 P. 46 E5), en el Treasure Island, combina el arte circense clásico con vestuario colorido y enérgicas acrobacias.

Un circo más atrevido — FUNCIONES DE SPIEGELWORLD

Spiegelworld *(spiegelworld.com)* es otra potencia creativa revolucionaria. **'Absinthe'** (PLANO: 23 P. 46 C1), en el Caesars Palace, combina acrobacias espectaculares con un humor provocador en un entorno íntimo bajo una gran carpa. Por otro lado, el **'Atomic Saloon Show'** (p. 74) del Venetian combina *burlesque,* comedia y acrobacias en un bullicioso *saloon* con temática del Viejo Oeste. La producción más reciente, **'Disco-Show'** (PLANO: 24 P. 46 C1), es una carta de amor a la música *disco* que invita al público a una fiesta de baile.

Ver a los mejores artistas — CONCIERTOS

Como parte de un fenómeno cada vez más popular, superestrellas como Garth Brooks, Adele, Bruno Mars y Carrie Underwood actúan en los teatros de los grandes resorts durante semanas, meses e incluso años. El Colosseum del Caesars Palace, de 4100 butacas, ha sido considerado "el hogar de los mejores artistas del mundo", y grandes espectáculos musicales, desde cantantes de ópera a superestrellas del *country and western* llenan regularmente el recinto de 12 000 localidades del centro de eventos del Mandalay Bay.

EL AUGE DE LOS DEPORTES

El auge de Las Vegas como capital del deporte se debe en gran medida a la legalización de las apuestas deportivas en gran parte de EE UU, que ha erradicado el viejo estigma y convertido tales apuestas en un auténtico pasatiempo nacional. En Las Vegas se puede apostar casi a cualquier cosa en las casas de los casinos. Y si no apetece asistir al partido, los bares de la ciudad organizan especiales de fútbol americano los lunes por la noche.

Las estrellas en gira suelen actuar en la sala, con capacidad para 17000 espectadores, del MGM Grand, y los espacios interiores y exteriores del Cosmopolitan llevan al Strip a las estrellas más destacadas del *indie* y el pop. El vanguardista T-Mobile Arena (p. 85) tiene capacidad para 20000 personas y recientemente ha atraído a artistas como Madonna, Jennifer Lopez y Bad Bunny. Antes de viajar, conviene consultar los conciertos programados.

Buscar a Elvis

RECUERDOS Y ESPECTÁCULOS

Elvis se ha ido, sin duda. En 1976 terminó una gira de 636 conciertos en el International (posteriormente Las Vegas Hilton). Convertido ahora en el Westgate, el hotel honra al Rey del Rock con una estatua de bronce en el vestíbulo. Sigue en pie su International Theater, que aún atrae a artistas de primera. La Graceland Wedding Chapel, en Downtown (p. 146), ofrece a las parejas un paquete que incluye un imitador de Elvis como padrino. Y aunque los espectáculos basados en él van y vienen, **'Big Elvis'** (PLANO: 25 P. 46 **C1**) ha sido un éxito en los locales del Strip desde el 2002. La voz de Pete Vallee es tan grande como su pasión. Actúa gratis cuatro tardes a la semana en Harrah's.

Encontrar un ángel de la guarda

CATEDRAL

PLANO: 26 P. 46 **F4**

Aunque Las Vegas sea conocida como la "ciudad del pecado", también tiene muchísimas iglesias, y ninguna es más bonita e histórica que la artística catedral católica, la **Guardian Angel Cathedral,** un moderno tesoro de la segunda mitad del pasado siglo en pleno Strip (Las Vegas Blvd), calzada de tentaciones iluminadas con neón. La fachada principal luce un magnífico e intrincado mosaico creado en la década de 1960.

Salir al aire libre

PARQUE

PLANO: 27 P. 46 **B4**

Construido en el 2016, **The Park** tiene un gran atractivo visual: las fuentes bordean senderos arbolados con restaurantes, como Luke's

FIESTAS DE PISCINAS Y DISCOTECAS

Antes de ponerse a hacer cola en una discoteca y desembolsar una fortuna por la entrada, hay que buscar a los promotores, que suelen estar en el casino o cerca de la entrada en el hotel o resort correspondiente. Reparten pases de entrada rápida y bebidas gratis, sobre todo a mujeres bien vestidas, y pueden incluir gente en la lista de invitados. Otra opción es reservar con antelación a través de un promotor suscribiéndose a un servicio como **Free Vegas Club Passes** *(freevegasclubpasses.com).*

Lobster Las Vegas, que sirve bocadillos de langosta fresca, gambas y cangrejo en un ambiente informal. Hay una gran y divertida cervecería al aire libre con perritos calientes *gourmet* y juegos como *ping-pong*, y una escultura de 12 m de una mujer que se llama *Bliss Dance*, que se presentó en el Burning Man del 2010 antes de llegar aquí. Este parque, atípico en el Strip, es apto tanto para niños como para adultos.

Barra americana CLASE DE EJERCICIO

PLANO: 28 P. 46 C2

Imitar los movimientos de las bailarinas de barra americana puede ser un intenso entrenamiento atlético. Estas clases, solo para mujeres, se imparten en gimnasios locales y están diseñadas para ayudar a las mujeres a sacar su lado más atractivo.

La experiencia original, **Stripper 101** *(stripper101.com)*, se imparte en un ambiente de cabaret con luces estroboscópicas, cócteles y boas de plumas. Es popular entre solteras, que se van con un certificado que las acredita como "auténticas *strippers* de Las Vegas". Pero no hay que preocuparse: no es obligatorio desnudarse. Hay que llevar ropa y calzado deportivo cómodo, y unos tacones altos para practicar.

Hacer un circuito VISITAS GUIADAS

Varios operadores ofrecen circuitos guiados por Las Vegas y el Strip, pero es difícil ver toda la ciudad en uno solo. Casi todo el mundo explora a su ritmo. La mejor apuesta es **vegas.com,** que ofrece todo tipo de opciones. Otra opción es consultar los recorridos en autobús turístico que ofrece **Big Bus Las Vegas** *(bigbustours.com/en/las-vegas)*.

Trasnochar BARES Y CLUBES

El ambiente nocturno y de copas del Strip suele tener un ambiente aire lujoso, aunque no es la norma. El New York-New York y el Luxor tienen un clima más joven y fiestero, mientras que para la mejor selección de bares informales y relajados tipo *pub,* el LINQ Promenade es insuperable.

Hay que tener en cuenta que casi todas las discotecas de moda del Strip observan un código de vestimenta y cobran entrada: aquí prima la música electrónica de baile, vestirse para impresionar y lo último en clubes.

Fiesta junto a la piscina EVENTOS DE VERANO

Las piscinas de los hoteles y resorts-casino suelen estar reservadas para huéspedes, excepto en las legendarias fiestas de verano. Estos eventos incluyen música vibrante de los mejores DJ y atraen a fiesteros de todo el mundo. Quienes estén dispuestos a gastar una fortuna pueden alquilar cabañas con servicio VIP. La etiqueta se inclina por los trajes de baño chic, y para las zonas exclusivas se recomienda reservar. Normalmente no se permite el acceso con bolsos, toallas y otros artículos grandes; hay que informarse sobre las normas antes de ir.

SUGERENCIAS

Lo mejor para...

$ Económico $$ Medio $$$ Alto

Localizaciones en el plano de la **p. 46**

Comer

Comida informal

Jaburritos $
29 C1
Combina *sushi* con *nori* y burritos. En el LINQ. *11.00-22.30 do-ju, hasta 23.30 vi y sa*

Ramen-ya Katana $
30 C2
Cuencos de caldo con abundantes fideos. *10.30-22.30*

Tacos El Gordo $
31 F4
Tacos al estilo Tijuana, con carne adobada con chile y tortillas hechas a mano. *10.00-24.00 do-ju, hasta 4.00 vi y sa*

Siegel's Bagelmania $
véase 14
Veterano lugar de desayunos para *bagels, pretzels* y *bialys. 6.00-15.30*

'Diners'

Maxie's Las Vegas $$
32 C1
Cafetería especializada en platos divertidos como tortitas con algodón de azúcar y tostada francesa con *Fruity Pebble. 8.00-21.30*

Diner Ross $$
33 C1
Si no se ha estado nunca en un *diner* neoyorquino después de una fiesta *disco* a altas horas de la madrugada y pedido un batido malteado y una hamburguesa, esta es la ocasión. *17.00-22.00 mi-do*

Peppermill $$
34 G4
Una institución de Las Vegas, famoso por su ambiente teatral, fogatas y enormes raciones. *24 h vi-do, 7.00-14.00 lu-mi, hasta 24.00 ju*

'Brunches'

House of Blues Gospel Brunch $$$
35 B6
Bloody Marys ilimitados y comida sureña y *soul. 10.00 do*

LPM Restaurant & Bar $$$
36 C2
El espectacular establecimiento mediterráneo del Cosmo ofrece un menú de degustación de *brunch* absolutamente espectacular. *10.00-14.00 sa y do*

Bouchon $$$
37 F6
La versión de Thomas Keller de un bistró lionés ofrece un *brunch* con caviar, fuagrás y una magnífica carta de vinos. *8.00-14.00 vi-do, hasta 13.00 ju*

Bufés

Wicked Spoon $$$
38 B2
Bufé de ambiente contemporáneo con barra de helados y tentaciones como tuétano asado, todo en platos individuales. Bebidas ilimitadas incluidas. *8.00-14.00*

Bacchanal Buffet $$$
véase 17
En el Caesars, un festín de patas de cangrejo real, *sushi* y *dim sum* caseros, suflés horneados y mucho más. *9.00-22.00 ju-lu, desde 15.30 ma y mi*

Buffet at Wynn $$$
39 F5
Frenesí culinario de lujo, con 15 puestos donde se cocina al momento, montones de patas de cangrejo y barra de postres sin límite. *8.00-21.00*

Zonas de restauración

Proper Eats $

véase 19

Los principales atractivos de esta zona de restaurantes son la comida callejera coreana, los bocadillos italianos y un bar clandestino. *7.00-22.00 do-ju, hasta 23.00 vi*

Block 16 $

40 B2

En el Cosmo, con media docena de restaurantes con comida para llevar de los mejores chefs, además del bar clandestino Ghost Donkey. *7.00-22.00 do-ju, hasta 23.00 vi y sa*

Famous Foods Street Eats $

véase 15

Una aproximación a los mercados callejeros del sureste asiático en el Resorts World. Tienen de todo: *kimchi, sushi,* pollo frito... *11.00-22.00 do-vi, hasta 23.00 sa*

Alta cocina

Joël Robuchon $$$

véase 18

En el comedor de inspiración *art déco* del famoso chef, complejos menús de degustación de temporada ofrecen una comida única. *17.00-21.30*

NoMad Library $$$

41 C3

Este comedor privado con 20 000 libros ofrece una experiencia de lujo inigualable. En el Park MGM. *17.00-23.00 mi, hasta 1.00 vi y sa*

Catch $$$

véase 19

Una entrada impactante y una carta centrada en el marisco y en platos asiáticos como *sashimi* trufado y pescado entero. *17.00-22.30 lu-vi, desde 10.00 sa y do*

Wing Lei $$$

42 F5

En el Wynn, este fue el primer restaurante chino de Norteamérica en ganar una estrella Michelin. Exquisito. *17.30-21.30*

Asadores

Papi Steak $$$

véase 14

Restaurante de moda en el Fontainebleau que se volvió viral por servir chuletones de 1,5 kg en un maletín de diamantes; 1000 US$ costaba la broma. *17.30-22.30 lu-mi, hasta 23.00 ju-do*

STK $$$

véase 36

No es un asador tradicional y se llena de amantes de la moda del Cosmo y jugadores empedernidos que buscan un ambiente de discoteca. *11.00-23.00 lu-ju, hasta 0.30 vi, 9.00-0.30 sa, 9.00-23.00 do*

Golden Steer $$$

43 G2

El Rat Pack, Marilyn Monroe y Elvis cenaron en este lugar con una cabeza de novillo en la fachada. *16.30-21.45*

Gordon Ramsay Steak $$$

44 C2

Ternera Wellington y filetes madurados en sal del Himalaya en el asador del chef británico, en el Paris Las Vegas. *16.00-22.30*

Cenas con espectáculo

Superfrico $$

véase 36

Un "restaurante psicodélico italoamericano" con deliciosas *pizzas,* cócteles inspirados en comida basura y actuaciones locas. *17.00-1.00*

Delilah $$$

45 F5

Elegante club de cenas que atrae periódicamente a famosos. *17.30-2.00 ju-do, hasta 22.30 lu-mi*

Mayfair Supper Club $$$

46 B2

Local solo para adultos que combina alta cocina con *jazz,* comedia y dobles de Mae West y Fred Astaire. *17.00-22.00 do-ju, hasta 23.00 vi y sa*

Xpot $$$
47 F5
Restaurante *hot pot* con robots que van a la mesa, proyecciones, espectáculos de luces... *11.30-23.00 do-ju, hasta 24.00 vi y sa*

Restaurantes de celebridades

Bazaar Meat by José Andrés $$$
48 H2
Asador del chef estrella español, con un toque que fusiona sabores y culturas dispares. Se trasladó al Palazzo en el 2025. *17.00-21.30 vi y sa, desde 17.30 do-ju*

Restaurant Guy Savoy $$$
véase 17
La mejor cocina francesa, en un entorno minimalista y moderno con vistas al Strip. Destaca la sopa de alcachofas y trufa. *17.00-22.00 mi-do*

Giada $$$
49 C1
En el Cromwell, la famosa chef de Food Network, Giada de Laurentiis, ofrece sustanciosa comida italiana casera, elaborada con productos ecológicos. *9.00-14.15 y 16.30-21.45*

Nobu $$$
véase 17
El sucesor del restaurante neoyorquino de Nobu Matsuhisa, de Iron Chef, es casi tan bueno como el original. En el Caesars Palace. *17.00-22.00*

Beber

Coctelerías

NoMad Bar
50 C3
Bar suntuoso con gente guapa y cócteles espectaculares. Picoteo sofisticado. *17.00-1.00 do-vi, desde 16.30 sa*

Chandelier
véase 68
Un barra de tres pisos adorna el centro del Cosmo. Cócteles increíbles. *24 h*

Skybar
51 C3
Los ventanales realzan las vistas de este elegante bar en el piso 23° del Waldorf Astoria. *16.30-24.00 do-ju, 12.00-1.00 vi y sa*

Skyfall Lounge
52 B5
Sofisticación, cócteles creativos de temporada y vistas increíbles en el 64° piso del W. *17.00-24.00*

Discotecas

Hakkasan
véase 18
Enorme club de inspiración asiática que ocupa cinco pisos del MGM Grand (aforo de 7500 personas). *22.30-4.00*

Omnia
53 C1
Megaclub con ambiente de Miami Beach y vistas al Strip desde un jardín en la azotea del Caesars Palace. *22.30-4.00 ma y ju-do*

Jewel
véase 19
Sala de baile de lujo con aforo para 2000 personas. *22.30-4.00 vi, sa y lu*

XS
54 F5
Decoración bañada en oro, famosos DJ de música electrónica y una pista de baile animada en el súper chic Encore. *22.30-4.00 vi-do*

Fiestas en piscinas

Drai's
55 C1
Fiesta junto a la piscina, de día o de noche, en lo alto del Cromwell. *12.00-18.00 vi-do*

Encore Beach Club
véase 45
No hay nada más exótico o exclusivo. *11.00-18.00*

Marquee
véase 68
En una cúpula climatizada de 2137 m², el club de piscina diurno del Cosmo vibra sobre el Strip con DJ de clase mundial. *11.00-18.00 ju-do*

Temptation Sundays
véase 16
La fiesta de piscina LGTBIQ+ más antigua de Las Vegas se celebra en el Luxor, con DJ, bailarines y cócteles gigantes. *12.00-18.00*

Coctelerías clandestinas

Ghost Donkey
56 C2
Bar 'secreto' de mezcal y tequila tras una puerta señalizada con la ilustración de un burro, en la zona de restauración del Cosmo. *16.00-24.00 do-ju, hasta 2.00 vi y sa*

Cabinet of Curiosities
57 D2
Para entrar a este íntimo bar clandestino hay que resolver un rompecabezas y encontrar al "cerrajero". *13.00-24.00 do-ju, hasta 1.00 vi y sa*

The Vault
58 B2
Escondido tras una puerta sin señalización en el casino del Bellagio; cócteles sublimes. *17.00-24.00 ju, hasta 2.00 vi y sa*

Here Kitty Kitty Vice Den
véase 15
La zona de restauración del Resorts World esconde un local poco iluminado con cócteles increíbles. *17.00-24.00*

Comprar

Centros comerciales

Shops at Crystals
59 C3
Centro comercial con marcas de lujo y fuentes de agua. *11.00-21.00 do-ju, 10.00-22.00 vi y sa*

Forum Shops at Caesars
60 B1
Centro de temática romana con 160 tiendas y restaurantes. *10.00-21.00 do-ju, hasta 22.00 vi y sa*

Fashion Show Las Vegas
61 E5
Tiendas prestigiosas como Saks Fifth Avenue; ideal para ir de compras. *11.00-19.00 do, hasta 20.00 lu-ju, 10.00-21.00 vi y sa*

Miracle Mile Shops
62 C3
Elegante centro comercial en el Planet Hollywood de casi 2 km de largo. Se centra en ropa urbana, joyería y regalos. *10.00-21.00 do-ju, hasta 22.00 vi y sa*

Grand Canal Shoppes
63 F6
Centro comercial de estilo italiano adornado con frescos, pasajes adoquinados y tiendas de lujo. *10.00-21.00 do-ju, hasta 24.00 vi y sa*

Otros centros comerciales

Via Bellagio
64 C2
El paseo interior del Bellagio alberga firmas como Chanel, Dior y Gucci. *Horario variable*

Wynn & Encore Esplanades
65 F5
Galerías gemelas con minoristas de primera línea como Balmain, Diptyque y Louis Vuitton. *10.00-21.00 do-ju, hasta 22.00 vi y sa*

Le Boulevard at Paris
66 C2
Réplica de la parisina Rue de la Paix, incluidos los adoquines, donde comprar productos de belleza, moda... *24 h*

Shoppes at Mandalay Place
67 B5
Espacioso paseo con más de dos docenas de *boutiques*, incluida la mayor tienda de marca Guinness fuera de Irlanda. *10.00-23.00*

Cosmopolitan Shops
68 C2
Boutiques vanguardistas como la tienda de deportivas CRSVR, ropa de AllSaints y cosméticos de Skins 6|2. *10.00-23.00*

Sugerencias
de lugares para
comer, beber
y comprar en
p. 112

Explora
Este del Strip

Esta zona permite comprender mejor cómo funciona la ciudad. No hay muchos lugares típicos al estilo de Las Vegas: aquí es donde viven los lugareños, un lugar con restaurantes asequibles, bares de barrio y locales LGTBIQ+ al oeste del campus de la Universidad de Nevada, Las Vegas (UNLV) conocidos como "Fruit Loop", un nombre no especialmente afortunado, pero que parece difícil de desarraigar. Además, se puede pasear por el Commercial Center, un icónico centro comercial al aire libre que está a punto de ser remodelado, o conocer una época inquietante del pasado de la ciudad en el National Atomic Testing Museum.

Cómo desplazarse

A pie
Hay pocos sitios y negocios y están alejados entre sí; no es un buen barrio para caminar.

Autobús
Los autobuses circulan de este a oeste y de norte a sur por las calles principales, como Paradise Rd y Swenson St (nº 108), Flamingo Rd (nº 202) y Tropicana Ave (nº 201).

Aplicaciones de movilidad
Esta opción es segura, puntual y económica, ideal para esta parte extensa de la ciudad.

Hofbräuhaus (p. 113).
DAVID KILPATRICK/ALAMY

LO MEJOR

COMIDA TAILANDESA
Lotus of Siam (p. 110)

VIDA NOCTURNA
Fruit Loop (p. 108)

COMPRAS DIFERENTES
Commercial Center (p. 106)

FIESTA EN LA PLAYA
Virgin Hotels (p. 111)

LECCIÓN DE HISTORIA
National Atomic Testing Museum (p. 104)

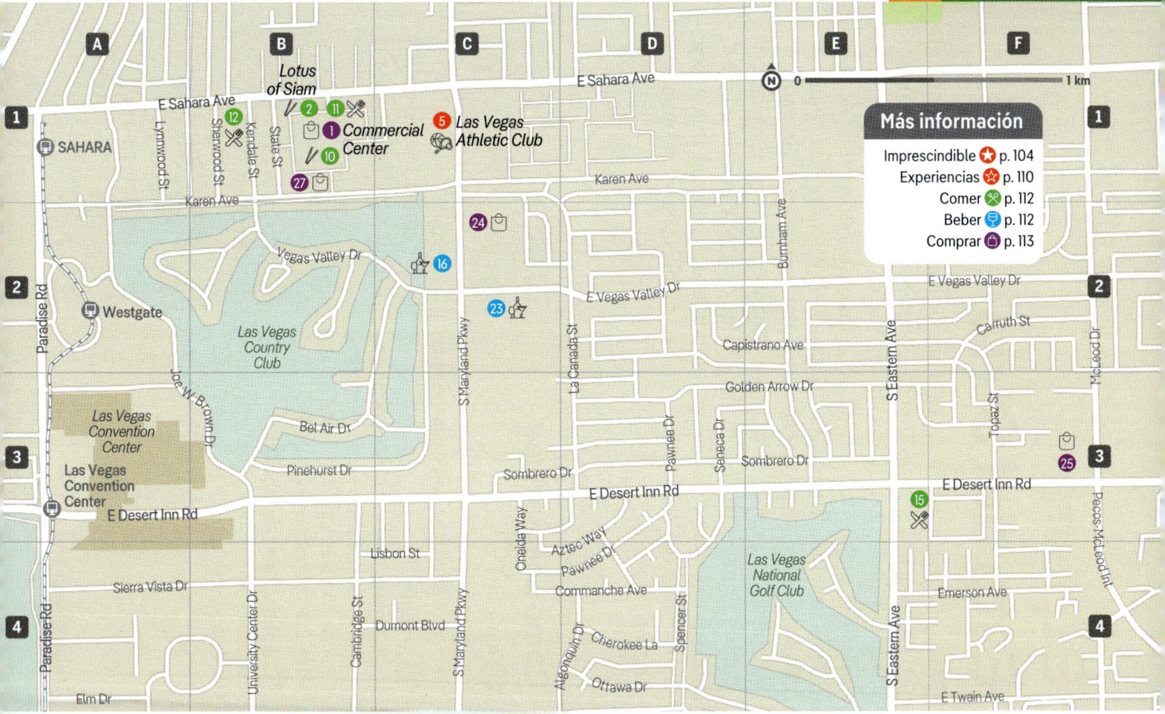
A
B
C
D
E
F
1
2
3
4
0
1 km
Más información
Imprescindible p. 104
Experiencias p. 110
Comer p. 112
Beber p. 112
Comprar p. 113
Lotus of Siam
Commercial Center
Las Vegas Athletic Club
Las Vegas Country Club
Las Vegas Convention Center
Las Vegas National Golf Club
SAHARA
Westgate
E Sahara Ave
Karen Ave
Vegas Valley Dr
E Vegas Valley Dr
E Desert Inn Rd
Paradise Rd
Lynnwood St
Sherwood St
Kendale St
State St
Joe W Brown Dr
Bel Air Dr
Pinehurst Dr
Sierra Vista Dr
University Center Dr
Cambridge St
Lisbon St
Dumont Blvd
S Maryland Pkwy
La Canada St
Sombrero Dr
Oneida Way
Aztec Way
Pawnee Dr
Commanche Ave
Algonquin Dr
Cherokee La
Ottawa Dr
Spencer St
Seneca Dr
Golden Arrow Dr
Capistrano Ave
Burnham Ave
S Eastern Ave
Carruth St
Topaz St
McLeod Dr
Pecos-McLeod Int
Emerson Ave
E Twain Ave
Elm Dr

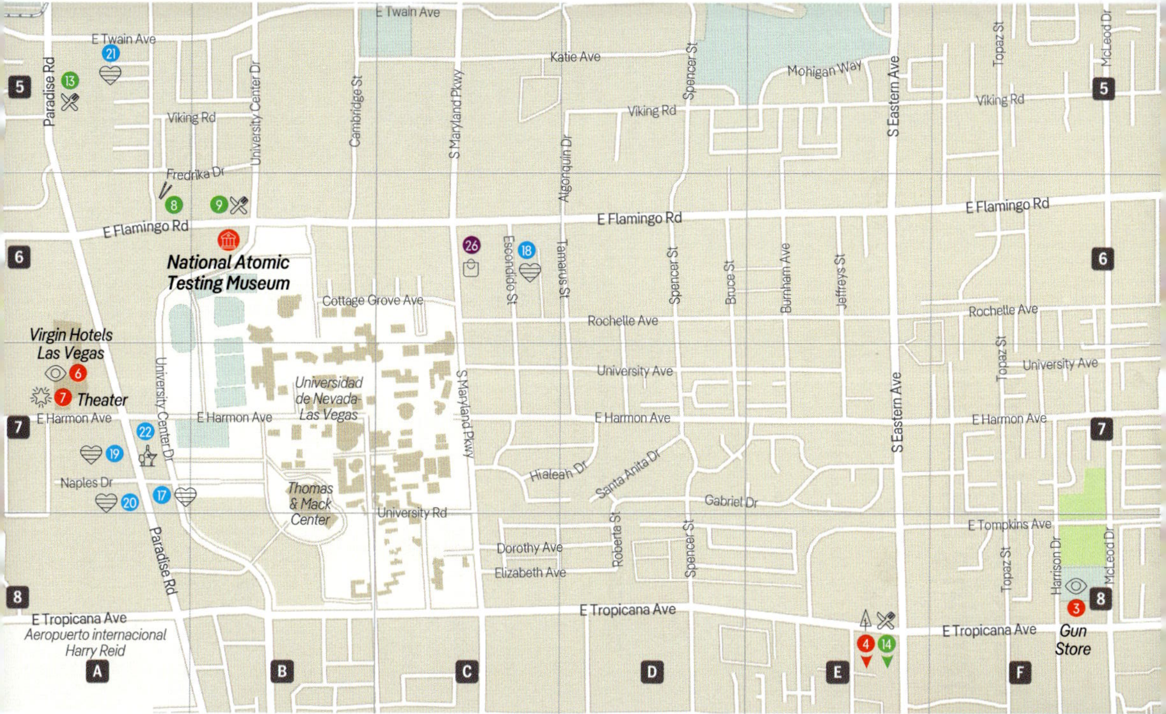
E Twain Ave
E Twain Ave
Katie Ave
Mohigan Way
Paradise Rd
Viking Rd
Viking Rd
Viking Rd
University Center Dr
Cambridge St
S Maryland Pkwy
Algonquin Dr
Spencer St
S Eastern Ave
Topaz St
McLeod Dr
Fredrika Dr
E Flamingo Rd
E Flamingo Rd
E Flamingo Rd
National Atomic Testing Museum
Escondido St
Tamarus St
Spencer St
Bruce St
Burnham Ave
Jeffreys St
Cottage Grove Ave
Rochelle Ave
Rochelle Ave
Virgin Hotels Las Vegas
Theater
University Center Dr
Universidad de Nevada-Las Vegas
S Maryland Pkwy
University Ave
Topaz St
University Ave
E Harmon Ave
E Harmon Ave
E Harmon Ave
E Harmon Ave
S Eastern Ave
Naples Dr
Hialeah Dr
Santa Anita Dr
Thomas & Mack Center
Gabriel Dr
University Rd
E Tompkins Ave
Dorothy Ave
Elizabeth Ave
Roberta St
Spencer St
Topaz St
Harrison Dr
McLeod Dr
Paradise Rd
E Tropicana Ave
E Tropicana Ave
E Tropicana Ave
Aeropuerto internacional Harry Reid
Gun Store
A
B
C
D
E
F
5
6
7
8

★ IMPRESCINDIBLE

National Atomic Testing Museum

Si se disfrutó con *Oppenheimer*, no hay que perderse este veterano museo dedicado a la era atómica. Las exposiciones abarcan desde el final de la II Guerra Mundial, hasta las pruebas atmosféricas clandestinas de principios de la década de 1960, un lugar fascinante para conocer la historia nuclear de Nevada.

PLANO: P. 102 **B6**

CONSEJO
Se tarda unas 2 h en visitar el museo. Conviene reservar en línea la visita al Nevada National Security Site con la mayor antelación posible (idealmente, meses).

Escanea este código QR para horarios y venta de entradas.

Trasfondo

En las décadas de 1950 y 1960, la gente acudía en masa a Las Vegas para presenciar las explosiones de bombas atómicas en el desierto de Nevada. Esa realidad de la Guerra Fría se comparte en el National Atomic Testing Museum *(adultos/niños 29/15 US$)*, donde una muestra multisensorial ofrece la experiencia de estar cerca de la zona cero.

El museo, afiliado al Smithsonian, usa vídeos, documentos, terminales interactivos y objetos originales para tejer una detallada narrativa del programa de pruebas nucleares de EE UU en el Nevada Test Site, a solo 145 km de Las Vegas.

A la llegada

Es gratuito estacionar frente al edificio. Cerca de la entrada, la taquilla es una réplica de un histórico puesto de control del Nevada Test Site, donde comenzaron las pruebas de la bomba atómica en 1951.

Exposiciones de ciencia y tecnología

En el vestíbulo está la cubierta de la bomba "Fat Man", que se lanzó en Nagasaki en 1945. Las exposiciones continúan hasta llegar a las ojivas nucleares actuales. Impacta la simulación de una prueba atómica en superficie en el Ground Zero Theater.

KIT LEONG/SHUTTERSTOCK

Exposiciones culturales

Al explorar la influencia de las pruebas atómicas en la sociedad, se muestra cómo era la vida cotidiana de los estadounidenses durante la Guerra Fría, cuando se realizaban simulacros de ataques nucleares en las escuelas. También analizan los costos ambientales de bombas y comparten las perspectivas de los indígenas sobre el uso de la tierra y la energía nuclear.

Nevada National Security Site

Las visitas guiadas en autobús al Nevada National Security Site salen del museo una vez al mes, aunque a veces se interrumpen durante períodos prolongados. Las visitan a este lugar de alta seguridad está sujeta a cambios, porque es una instalación gubernamental en funcionamiento. Suelen ser accesibles los edificios de las pruebas atómicas de la década de 1950 y enormes cráteres, similares a los de la Luna, provocados por estas.

UNA PAUSA
Justo enfrente, el **Lotus of Siam** (p. 110), posiblemente el mejor restaurante tailandés de EE UU, ofrece una comida inolvidable y asequible.

CIRCUITO A PIE

Paseo por el Commercial Center

El ajado pero encantador **Commercial Center** revela una parte de la auténtica Las Vegas que no suelen ver los viajeros. Aunque hay planes de reurbanizar la zona, los antiguos escaparates aún muestran una mezcla de tiendas eclécticas, restaurantes internacionales y negocios artísticos que vale la pena conocer.

INICIO	FINAL	DURACIÓN
American Costumes	Green Door	0,8 km; 30 min

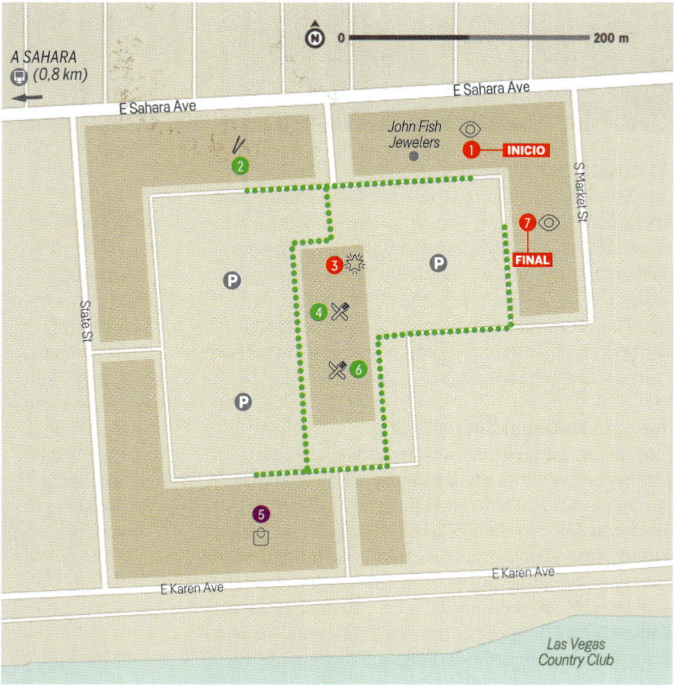

1 Entrar en el armario de Las Vegas

Se empieza en **American Costumes,** una tienda de 279 m² con más de 5000 disfraces en alquiler y/o venta. Hay atuendos del Oeste, trajes de pirata, de Elvis y Marilyn Monroe, y tocados hechos a mano por uno de los dueños. Se puede pedir que enseñen el disfraz que alquiló Prince para poder ir a un casino sin ser reconocido. Se dice que en **John Fish Jewelers,** al lado, Elvis le compró el anillo de bodas a Priscilla.

2 El mejor tailandés de Las Vegas

Aunque seguía cerrado por reformas a finales del 2024, el **Lotus of Siam** (p. 110) tenía previsto reabrir su local insignia en Sahara Ave en el 2025. Tras la reforma contará con un nuevo bar y otra decoración. Hay que visitarlo, aunque solo sea para echar un vistazo.

3 Karaoke de gente famosa

Cuando el Commercial Center era el centro comercial al aire libre más glamuroso de Las Vegas, el Rat Pack solía comer en el Commercial Deli. Hoy, el local alberga el **Composers Room Showlounge & Restaurant** (p. 112), una sala de espectáculos y restaurante con artistas locales, algunos conocidos y otros en ciernes.

4 Deliciosos pasteles colombianos

La exquisita selección de postres de **Pasabocas Colombian Bakery** incluye *buñuelos* (rellenos de queso, crujientes por fuera y tiernos por dentro) y otras delicias como milhojas, roscones de guayaba y panes de caramelo.

5 Arte, libros y más

Conocido como **New Orleans Square,** el complejo de edificios de la esquina suroeste del centro ha sido durante mucho tiempo un foco cultural. Su futuro era incierto a finales del 2024, pero aún albergaba negocios destacables. **Sista Kim's Kitchen** *(instagram.com/sistakimskitchen)* es un restaurante de comida sureña casera que sirve camarones fritos, *gumbo* de marisco y berza. También hay una veterana tienda de violines, una vibrante galería de arte y una original librería.

6 Dos cantinas mexicanas

En el centro hay todo tipo de opciones gastronómicas, desde cocina nigeriana a coreana, pasando por *soul food*. La cantina mexicana **La Vecindad** tiene dos locales de vivos colores. La *súper torta cubana* es gratis si se consigue acabarla en 23 min.

7 Un famoso club de 'swingers'

Parece que en EE UU todo el mundo ha oído hablar de **Green Door,** el primer club de intercambio de parejas de Las Vegas. Y todavía está en este centro comercial.

CIRCUITO A PIE

El barrio LGTBIQ+

Este corto paseo recorre el animado barrio LGTBIQ+ de Las Vegas, conocido como Fruit Loop. Muchos de sus animados locales permanecen abiertos día y noche: hay un acogedor bar de juegos *gay*, un *brunch drag* de lujo, un club con mucha energía y una pizzería perfecta para picar algo de madrugada.

INICIO	FINAL	DURACIÓN
Thomas & Mack Center	Hofbräuhaus	1,6 km; 1 h

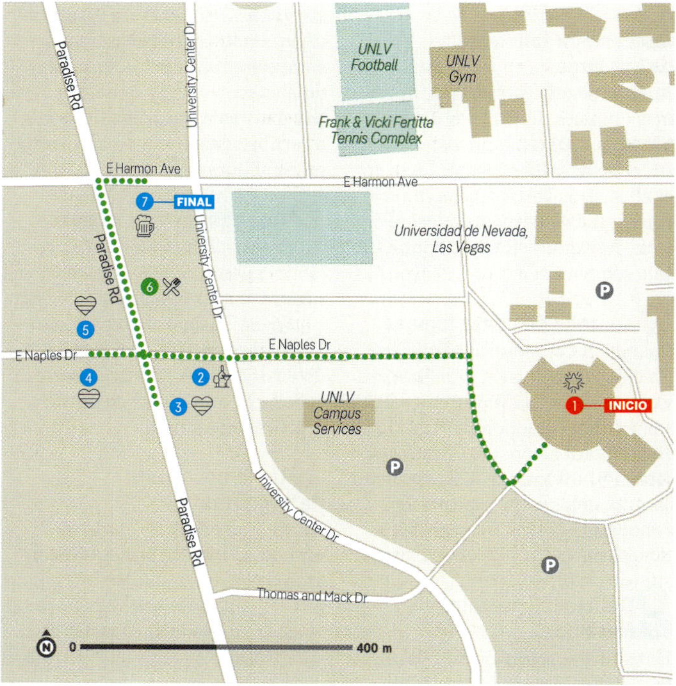

1 Estadio de juego

Se comienza en el **Thomas & Mack Center,** con aforo para 18 000 personas, un recinto de primer nivel para baloncesto universitario, boxeo profesional y rodeo, con un llamativo exterior rojo y blanco, los colores de la UNLV. Cuenta con sistemas de iluminación y sonido vanguardistas y se anima especialmente durante el National Finals Rodeo de diciembre.

2 El lado oscuro

El oscuro y psicodélico **Double Down Saloon** (p. 113) es la antítesis cruda del *glamour* de Las Vegas. Nunca cierra, nunca cobra entrada, la bebida de la casa se llama *ass juice* ("zumo de culo"), y presume de ser la cuna del *martini* de *bacon*. Cuando las bandas de punk y *metal* en vivo no amenizan al personal, la gramola vibra con *jazz* de Nueva Orleans, punk británico, *blues* de Chicago y el difunto rey del *surf rock* Dick Dale.

3 Juegos toda la noche

Unas puertas más allá, el **Quadz Video Bar** (p. 113) es un oscuro antro gay de juegos abierto 24 h donde la bebida predilecta es el *trashcan,* hecho con siete tipos de licor. Al lado, **Get Booked** es la tienda LGTBIQ+ más veterana de Nevada, con trajes de baño, ropa interior, arneses y juguetes.

4 Fiesta hasta el amanecer

El club más popular del distrito, **Piranha** (p. 113), presenta regularmente actuaciones de *drag queens,* muchas de las cuales han aparecido en *RuPaul. Reinas del drag*. El club ha atraído a visitantes famosos, como Britney Spears y Janet Jackson, y su mezcla de música electrónica de baile y ritmos latinos en tres salas mantiene la fiesta hasta las 5.00. También hay una terraza.

5 Icono del barrio

Gipsy (p. 113) es un icónico local LGTBIQ+ abierto desde 1981, aunque en esta versión abrió a finales del 2023, con un concepto ligeramente renovado que combina tradición con modernidad. Entre sus atractivos destacan una terraza interior y exterior conectadas y divertidísimos *brunches drag* todos los domingos con concursantes de *RuPaul's Drag Race.*

6 Comer de madrugada

Abierto hasta medianoche, este local de la querida cadena de Las Vegas **Naked City Pizza** sirve exquisitas *pizzas* enteras, por mitades o cuartos. Destacan su famosa *naked city pizza* con *mozzarella, pepperoni,* salchicha, pimientos y aceitunas verdes.

7 Desvío a Múnich

Siguiendo la calle se llega a la **Hofbräuhaus** (p. 113), una réplica de la cervecería original de Múnich. Los clientes celebran la Oktoberfest todo el año con cervezas importadas de primera, y bandas en vivo todas las noches.

EXPERIENCIAS

Pasear por el Commercial Center DE COMPRAS

PLANO: 1 P. 102 B1

El **Commercial Center** (p. 106), toda una institución, es un gigantesco centro comercial muy popular desde su construcción en la década de 1960. Hoy en día, está un poco descuidado, pero el ambiente sigue siendo interesante por sus ocupantes: un club de intercambio de parejas, bares de karaoke, galerías de arte, y variados restaurantes de comida económica y sabrosa de todo el mundo. Los exteriores retro y los excéntricos inquilinos hacen que sea especialmente divertido (p. 106), al menos por ahora. En el 2024 el condado de Clark invirtió más de seis millones de dólares en la compra del aparcamiento del centro y una parte del mismo, y los planes para remodelarlo ya están en marcha.

Un tailandés ineludible RESTAURANTE

PLANO: 2 P. 102 B1

Si gusta la comida del norte de Tailandia, cenar en **Lotus of Siam** *(lotusofsiamlv.com; principales 20-30 US$)* es una experiencia inolvidable, y un clásico de Las Vegas. En el 2024 su local insignia en el Commercial Center se encontraba en reforma, con un nuevo bar, interiores renovados y una bodega con capacidad para 5000 botellas. Tenía previsto reabrir en el 2025, pero al cierre de la edición de este libro aún no lo había hecho. Siguen en funcionamiento sus otros locales en la ciudad: el de 320E Flamingo Road y el del hotel-casino Red Rock.

Cada sucursal tiene su propio estilo, pero todos destacan por sus faroles colgantes y vegetación, y un diseño que combina notas tailandesas con un toque moderno. Los espacios amplios y elegantes también cuentan con rincones íntimos ideales para celebraciones. Pero lo mejor de todo es la comida. Destacan platos como el *khao soi,* una sustanciosa sopa de fideos de huevo con curri, cubierta con pato, cangrejo blanco o gambas; las gambas al ajillo, crujientes y cubiertas de salsa de ajo y pimienta; y los fideos borrachos, hechos en *wok* y de sabor ahumado.

Pegar unos tiros GALERÍA DE TIRO

PLANO: 3 P. 102 F8

Gun Store *(thegunstorelasvegas.com; desde 86 US$),* el campo de tiro original de Las Vegas, alquila pistolas Beretta, Colt o Glock. Los aficionados a las armas también pueden disparar una auténtica Uzi, un AK47 o una inspirada en la DL-441 de Han Solo y otras como las de las películas de *Terminator*. Hay gran variedad de objetivos para elegir, desde dianas y siluetas clásicas, a terroristas en situaciones de rehenes y zombis. El lugar es muy popular para despedidas de soltero, también de chicas.

Hacer ejercicio como un lugareño PARQUES Y GIMNASIOS

Hay varios espacios verdes en torno a Las Vegas. Si bien la mayor parte son campos de golf, existen un par de magníficos parques públicos donde se puede disfrutar de senderos, estanques con patos y merenderos. En el **Sunset Park** (PLANO: 4 P. 102 **E8**), una de las mayores zonas verdes de la ciudad, es posible participar en un partido de *pickleball* en cuatro canchas nuevas o jugar una ronda de *disc* golf.

Durante el sofocante verano, el gimnasio puede ser una opción más atractiva. Aunque hay numerosas delegaciones del **Las Vegas Athletic Club** (PLANO: 5 P. 102 **C1**), la sucursal central al este del Strip cuenta con una zona privada de entrenamiento solo para mujeres, piscina olímpica cubierta, canchas de ráquetbol, clases de *fitness,* una sauna mixta, sala de vapor, *jacuzzi* y un bar de zumos.

De fiesta en el Virgin Hotels RESORT

En el **Virgin Hotels Las Vegas** (PLANO: 6 P. 102 **A7**; *virginhotelslv.com*), el Kassi Beach Club, solo para adultos, ofrece una escapada con una amplia playa de arena junto a la piscina. Organiza fiestas diurnas en la piscina, con DJ de talla mundial que pinchan *house* tropical y éxitos. Hay margaritas de sandía y polos de vodka de hibisco, y servicio de botella por 500 US$. Con camas balinesas y cabañas disponibles, son las mejores fiestas de piscina fuera del Strip. Si se viaja con niños, hay otras tres piscinas accesibles para visitantes de todas las edades, aunque dos de ellas cierran durante la temporada media y baja.

Por la noche uno puede quedarse a disfrutar de música, comedia y otras ofertas de ocio en la sala de espectáculos del Virgin, **Theater** (PLANO: 7 P. 102 **A7**), por cuyo escenario pasó Taylor Swift.

LGTBIQ+ LAS VEGAS

Al sur del Virgin Hotels, en East Naples Dr, está la zona LGTBIQ+ de Las Vegas. Los locales rebosan de música de baile e inclusión, desde las barras hasta las pistas de baile y los escenarios. Este centro de vida nocturna ha sido un refugio para personas de todos los géneros y sexualidades durante décadas, y los fines de semana hay deslumbrantes espectáculos de *drags* y ambiente festivo hasta la madrugada.

SUGERENCIAS

Lo mejor para...

Localizaciones en el plano de la **p. 102**

$ Económico $$ Medio $$$ Alto

Comer

Cocina asiática

Lotus of Siam $$
8 A6
Tras un bocado de gambas al ajillo o pato crujiente, se quedará enganchado a esta institución con especialidades del norte de Tailandia y tres locales en Las Vegas, incluido el principal del Commercial Center. *11.30-22.00*

Mint Indian Bistro $
9 B6
Con especialidades para cenar como samosa *chaat*, *dosas* (tortas saladas) y piruletas de cordero. *11.00-15.00 y 17.00-24.00*

Mandang Garden $$
10 B1
El coreano del Commercial Center sirve sabrosas sopas, guisos picantes, platos de fideos y deliciosas tortitas de judías verdes. *10.00-21.00*

Cocina informal

Vickie's Diner $
11 B1
Restaurante tradicional, agradable y sin lujos que sirve *sloppy patty melts*, chuletas a la parrilla y desayunos fritos con huevos. *6.00-14.00*

Fat Choy $
12 B1
Clásicos estadounidenses y reconfortante comida asiática en un pequeño local del casino Eureka. *11.00-22.00 lu-mi, desde 8.00 ju y do, 8.00-24.00 vi y sa*

Cocina mexicana e hispanoamericana

Firefly $$
13 A5
Los lugareños acuden a probar tapas españolas e hispanoamericanas, como patatas bravas y dátiles envueltos en bacón, y las sangría especial de la casa. *11.30-22.00 lu-ju, hasta 23.00 vi, 10.00-23.00 sa, 10.00-22.00 do*

Aroma Latin American Cocina $$
14 E8
Técnicamente está en Henderson, pero el bocadillo de carne con chimichurri y las enchiladas de estilo guatemalteco valen la pena. *11.00-15.00 y 17.00-21.00 ma-sa, 11.00-16.00 do*

Lindo Michoacan $$
15 E3
Recetas familiares como marisco, ensalada de *nopalitos*, *lengua* y *menudo* (sopa de callos y nixtamal; solo fin de semana). *10.00-23.15 lu-ju, hasta 0.15 vi, 9.15-00.15 sa*

Beber

Diversión y juegos

Composers Room
véase 1
Esta sala de espectáculos abrió en el 2024 con dos escenarios donde brillan talentos consolidados y emergentes. *10.00-2.00*

Player 1

16 C2

En este "bar de juegos" los clientes pueden disfrutar de bebidas; la entrada de solo 5 US$ ofrece videojuegos y *pinball* de forma ilimitada, y también hay bingo burlesco y pícaro. *13.00-2.00 do-ju, hasta 4.00 vi y sa*

Quadz Video Bar

17 A7

Sencillo salón de videojuegos y bar gay, con buenos cócteles, billar y dardos. *24 h*

Bares gais

Garage

18 C6

Uno de los bares gais más grandes y populares de Las Vegas, que ofrece juegos de bar y bebidas especiales. *24 h*

Gipsy

19 A7

Bar gay veterano con nuevas instalaciones en el barrio LGTBIQ+ de Las Vegas con una buena programación de ocio y clientes habituales. *21.00-16.00 ju, desde 22.00 vi y sa, 13.00-16.30 do*

Piranha

20 A7

El universo gay orbita alrededor del club más sexy del barrio LGTBIQ+. *22.00-5.00 do-vi, hasta 6.00 sa*

Fun Hog Ranch

21 A5

Ideal para quienes buscan hombres musculosos, vaqueros y mucho cuero. *24 h*

Cerveza y música

Double Down Saloon

véase 17

Antro psicodélico donde la bebida de la casa es el "zumo de culo" y las bandas en vivo lo hacen lo peor que pueden; cuando no hay conciertos, suena *jazz,* punk, *blues* y Dick Dale. *24 h*

Hofbräuhaus

22 A7

En esta réplica del famoso local de Múnich se celebra la Oktoberfest todo el año. *11.00-22.00 do-ju, hasta 23.00 vi y sa*

Red Dwarf

23 C2

Los lugareños van a este bar por sus buenas bandas, deliciosa *pizza* y sabrosa cerveza. *11.00-1.00*

Comprar

Productos de cánnabis

Inyo Fine Cannabis Dispensary

24 C2

Uno de los primeros dispensarios de marihuana medicinal de Las Vegas, con un menú extenso y entregas en toda la ciudad. *8.00-24.00*

Jardin Premium Cannabis DIspensary

25 F3

Apreciado por su servicio excepcional y ambiente de jardín, junto con una amplia selección de comestibles, concentrados, tópicos, etc. *8.00-24.00*

Libros y música

Alternate Reality Comics

26 C6

Esta tienda de cómics independientes para adultos tiene novelas gráficas modernas, manga japonés, cómics coleccionables y fanzines. *11.00-17.00 do-ma, 10.00-19.00 mi-sa*

Violin Outlet

27 B1

Abierta desde 1983, esta tienda de instrumentos ofrece una de las mayores selecciones de violines, violas, violonchelos y contrabajos del suroeste. *10.30-12.00 y 12.30-17.30 mi y ju, 9.00-12.00 y 12.30-16.00 vi*

Sugerencias de lugares para comer, beber y comprar en **p. 126**

Explora
Oeste del Strip

Al oeste del Strip, los barrios residenciales se extienden hacia las Spring Mountains, interrumpidos por algún que otro casino y una docena de bares de *striptease*. Pero, aquí también está el increíble complejo de ocio futurista AREA15 y el nuevo palacio del ocio de Las Vegas: el Durango Casino & Resort, en el creciente Southwest Valley. Si a eso se le suman un par de bares *tiki,* una reserva natural en el desierto y la diversidad de sabores de Chinatown, es una zona que vale la pena visitar.

Cómo desplazarse

Automóvil

Alquilar un coche es una buena opción. Si se sale de noche, se puede usar *apps* de movilidad o pedir un taxi. Las tarifas de las primeras suelen ser más bajas.

Autobús

Los autobuses de RTC circulan de este a oeste y de norte a sur por las calles principales, incluidas Tropicana Ave (nº 201), Flamingo Rd (nº 202) y por Chinatown en Spring Mountain Rd (nº 203).

A pie

Caminar no es recomendable debido al polvo, el calor y los largos tramos de centros comerciales sin apenas nada más.

Springs Preserve (p. 118).
KIT LEONG/SHUTTERSTOCK

★

LO MEJOR

EXPERIENCIA INMERSIVA
AREA15 (p. 120)

JARDÍN EN EL DESIERTO
Springs Preserve (p. 118)

CENTRO COMERCIAL
Golden Tiki (p. 125)

UNA COPA CON VISTAS
Ghostbar (p. 127)

ESPECTÁCULO DE MAGIA
Penn & Teller (p. 124)

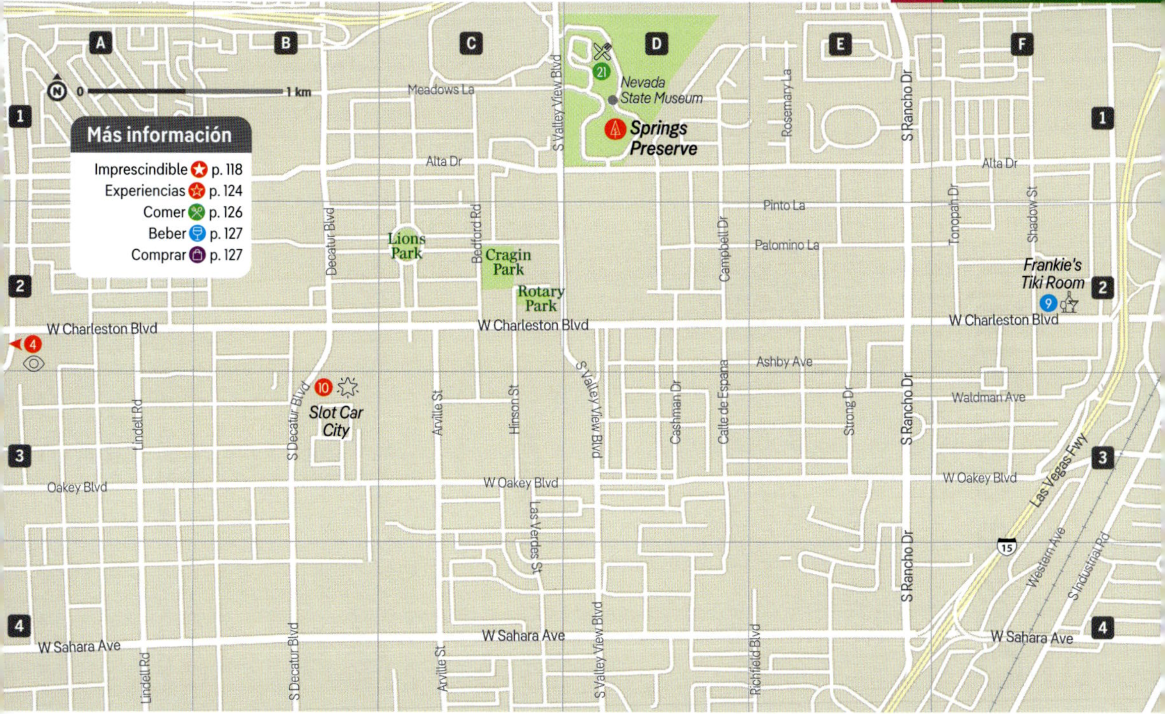
0
1 km
Más información
Imprescindible p. 118
Experiencias p. 124
Comer p. 126
Beber p. 127
Comprar p. 127
Meadows La
Nevada State Museum
Springs Preserve
21
Alta Dr
Pinto La
Palomino La
Lions Park
Cragin Park
Rotary Park
Frankie's Tiki Room
9
W Charleston Blvd
4
Ashby Ave
Waldman Ave
10
Slot Car City
Decatur Blvd
S Decatur Blvd
Bedford Rd
S Valley View Blvd
Rosemary La
S Rancho Dr
Tonopah Dr
Shadow St
Campbell Dr
Cashman Dr
Calle de Espana
Strong Dr
Arville St
Hinson St
Lindell Rd
Oakey Blvd
W Oakey Blvd
Las Verdes St
Las Vegas Fwy
15
Western Ave
S Industrial Rd
W Sahara Ave
Richfield Blvd

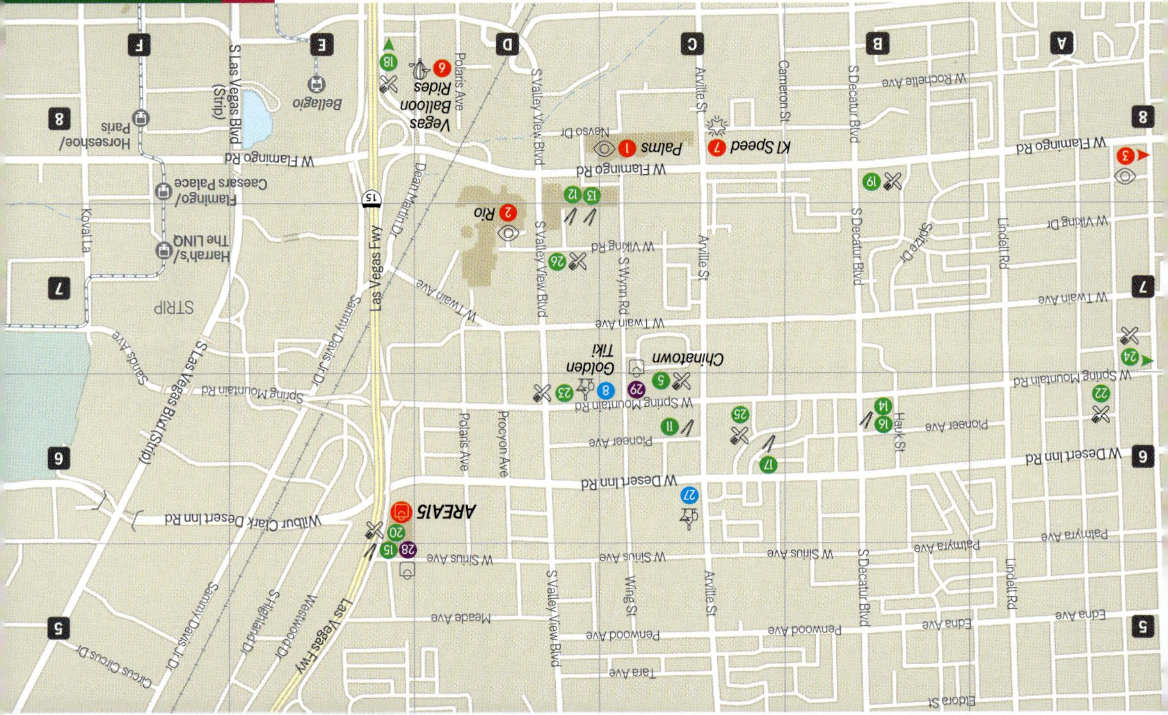
A
B
C
D
E
F
5
6
7
8
Bellagio
Vegas Balloon Rides
Palms
K1 Speed
Rio
Golden Tiki
Chinatown
AREA15
Horseshoe/ Paris
Flamingo/ Caesars Palace
Harrah's/ The LINQ
STRIP
S Las Vegas Blvd (Strip)
W Flamingo Rd
Las Vegas Fwy
15
Dean Martin Dr
Sammy Davis Jr Dr
Koval La
Sands Ave
Spring Mountain Rd
W Spring Mountain Rd
Wilbur Clark Desert Inn Rd
W Desert Inn Rd
W Twain Ave
W Viking Rd
W Viking Dr
S Valley View Blvd
Polaris Ave
Procyon Ave
Nevso Dr
S Wynn Rd
Arville St
Cameron St
S Decatur Blvd
W Rochelle Ave
Spitze Dr
Lindell Rd
Pioneer Ave
Hauk St
W Sirius Ave
Palmyra Ave
Meade Ave
Penwood Ave
Wing St
Tara Ave
Edna Ave
Eldora St
S Highland Dr
Westwood Dr
Circus Circus Dr

★ IMPRESCINDIBLE

Springs Preserve

Si se quiere respirar un poco aire fresco y desconectar del Strip sin ir muy lejos, Springs Preserve es la mejor opción. Es un auténtico oasis en el desierto y uno de los mejores atractivos para los niños en Las Vegas.

PLANO: P. 116 **D1**

CONSEJO
Lo ideal es pasar de 3-4 h en la reserva y, si se tiene coche, ir luego al Red Rock Canyon para disfrutar de un día en plena naturaleza.

Escanea este código QR para horarios y entradas.

Antecedentes e historia natural

Este complejo educativo de 72 Ha se asienta sobre manantiales naturales, ahora secos, que fueron una importante fuente de agua para los indígenas paiutes y, luego, para los misioneros mormones y los rancheros que se establecieron en el antiguo Old Spanish Trail.

La visita comienza en el **Origen Museum,** una exposición que simula inundaciones repentinas, mientras que fuera viven animales vivos del desierto como zorros grises y monstruos de Gila. La película *Miracle in the Mojave* ("Milagro en el Mojave") explora el papel del agua en la historia natural de la región, mientras que otras exposiciones se centran en la llegada del ferrocarril y la construcción de la presa Hoover.

Jardines y senderos

Los jardines acogen más de 30 000 plantas expuestas en una docena de zonas temáticas. La colección Deserts of the World presenta cactus y suculentas de los cinco principales desiertos del mundo, mientras que el Wildlife Garden atrae a colibríes y mariposas con su diversa vegetación. Destacan también el jardín de hierbas aromáticas, una rosaleda y un palmeral, así como un jardín didáctico que ofrece un espacio para clases y talleres sobre técnicas de horticultura en el suroeste.

KIT LEONG/SHUTTERSTOCK

Casi 6,4 km de senderos recorren los hábitats naturales y yacimientos arqueológicos, y se puede practicar senderismo, alquilar una bicicleta o tomar un tren los fines de semana para explorarlo todo.

Nevada State Museum y Boomtown 1905

En el **museo** de historia natural y cultural se pueden ver esqueletos prehistóricos como el fósil del estado de Nevada (el ictiosaurio, o *Shonisaurus popularis*), una réplica de una cueva de estalactitas, una exposición sobre las explosiones atómicas y otras sobre el pasado de la ciudad.

Un recorrido narrado de 8 min en un trenecito comienza en la estación junto al anfiteatro. Se observan plantas y aves del desierto a lo largo del trayecto hasta **Boomtown 1905,** una recreación de cómo era la ciudad en sus primeros 15 años de vida, con un *saloon* y una tienda con una vieja caja registradora.

UNA PAUSA
Springs Cafe
(p. 126) ofrece comida fresca y saludable, con una amplia variedad de opciones veganas y vegetarianas. Se puede cenar en el interior o en el balcón, con vistas del perfil de Las Vegas en el horizonte.

★ IMPRESCINDIBLE

AREA15

Desde su apertura en el 2020, AREA15 se ha convertido en el epicentro de las experiencias inmersivas de Las Vegas. En constante evolución y expansión, cautivador y peculiar, es un sitio con aire de centro comercial que invita a embarcarse en un viaje psicodélico.

PLANO: P. 116 **E5**

CONSEJO
Compra un *experience pass* para acceder a varios atractivos con descuento. Hay que asegurarse de que el pase incluya Omega Mart, porque vale la pena.

Escanea este código QR para horarios y entradas.

Trasfondo

Al llegar, los visitantes son conducidos por un jardín lleno de esculturas retiradas del festival de artes Burning Man. Luego, se atraviesa lo que parece la esclusa de una nave espacial y, al otro lado, espera una calavera gigante con un vídeo en 3D. El lugar está repleto de experiencias artísticas multisensoriales. Normalmente no cobran por pasear, pero casi todas las atracciones son de pago. Si se tiene en cuenta la gran variedad de bares y restaurantes, es fácil pasar varias horas.

Omega Mart

El eje central del complejo es **Omega Mart** (p. 127; *omegamart.com; desde 54 US$*), que desde fuera parece un supermercado, pero que está lleno de productos inusuales y de portales a otras dimensiones. El colectivo artístico Meow Wolf de Santa Fe encargó a 325 artistas que construyeran la instalación durante tres años, con resultados asombrosos.

El falso supermercado luce en sus estanterías repletas productos como "fluido de género no tóxico", "pus de cabra vegano" y "trozos de mamut". Ocultos a la vista, se encuentran dos pisos llenos de espectáculos alucinantes. Descubrir cómo salir de la tienda forma parte de la diversión, así como desentrañar el misterio de cómo este lugar

CHRISTPHER DEVARGAS/MEOW WOLF

se volvió tan sobrenatural. ¿Podría la sección de congelados llevar a algún lugar?

Hacen falta 2 h para recorrer Omega Mart. Para profundizar, se puede reservar la **Charlie's Paranormal Experience,** una visita guiada donde se revelan muchas pistas y consejos. No hay que perderse el secreto bar **Datamosh,** tras la carnicería, con deliciosos y potentes cócteles.

Wink World

Chris Wink, cofundador del famoso Blue Man Group, es uno de los cerebros detrás de AREA15 y, en particular, de **Wink World** *(winkworld.com; adultos/niños 22/18 US$)*. De sala en sala, los visitantes se deleitan con ingeniosas producciones visuales cual obras de arte de alta tecnología que parecen extenderse hasta el infinito. Todo está hecho con espejos y coreografiado con música.

UNA PAUSA

Tanta inmersión en la vanguardia abre el apetito. Por suerte, AREA15 cuenta con un *gastropub steampunk,* **The Beast** (p. 126), y un peculiar local de *sushi,* **KAIA Las Vegas.**

EL FUTURO DE AREA15
Al preparar esta obra había planes de ampliar AREA15 más de 14 Ha, añadiendo un hotel y complejos residenciales junto con un lugar de Universal Studios llamada Horror Unleashed que incluirá atracciones y experiencias de películas de terror; estaba previsto que abriera para Halloween del 2025. Otro futuro atractivo será iFly Indoor Skydiving.

Illuminarium

El **Illuminarium** *(illuminarium.com; desde 35 US$),* independiente del resto del complejo, proyecta películas en 3D con varias dimensiones adicionales. En una sala interactiva se puede pasear o relajarse en los sillones, mientras la película invita a una aventura multisensorial. El suelo vibra, hay ráfagas de olores y el sonido parece hacer espirales. Los programas cambian con frecuencia, y a veces se retransmiten deportes en las pantallas de 360º. Hay que visitar la web para ver qué está programado.

Liftoff

Si se ha deseado alguna vez sentarse en un taburete de bar en un globo aerostático, ascender 30 m y brindar con vistas de 360º de Las Vegas, **Liftoff** ofrece esa oportunidad. Las bebidas cuestan 20 US$ cada una, y la experiencia, 18 US$ de día y 23 US$ de noche.

Otros atractivos

En AREA15 también hay atractivos más convencionales. Por ejemplo, el **Asylum Bar + Arcade** *(asylumarcade.com),* un lugar excelente para beber algo y jugar. El complejo tiene asimismo un íntimo espacio para eventos llamado **The Wall** con un poco de todo: desde karaoke y espectáculos de magia hasta sesiones de DJ. Consúltese el **calendario** *(area15.com/events).*

Cómo llegar

Hay aparcamiento, pero se llena los fines de semana y en épocas de mucha afluencia. Conviene ir en taxi o Uber para ahorrarse el problema. La entrada entre las 11.00 y las 20.00 es gratuita y se agiliza el acceso si se reserva en línea.

AREA15, planta 1

AREA15, planta 2

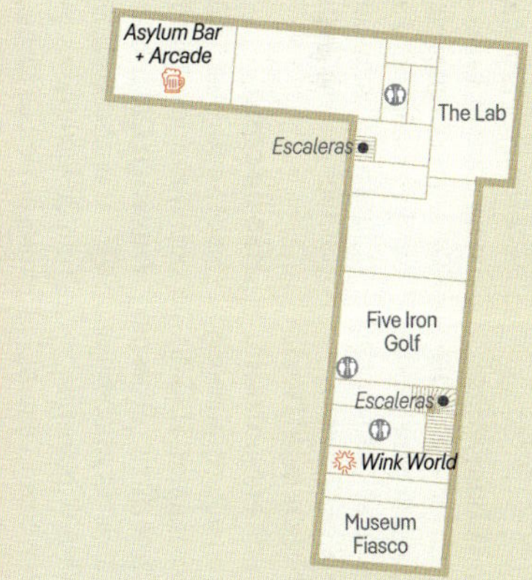

EXPERIENCIAS

Fiesta en el renovado Palms CASINO

PLANO: 1 P. 116 **C8**

El ultramoderno **Palms** *(palms.com)* brilla con un ocio diseñado para seducir tanto a la generación X como a la Y. Famoso por su papel protagonista en el *reality show Real World: Las Vegas* de MTV, el Palms tiene un ambiente excesivo, con luces de neón, que resulta sexy y sórdido a partes iguales. Uno de los mejores cerca del Strip, el casino atrae a muchos turistas y lugareños. En los últimos años el resort ha sido remodelado y cuenta con habitaciones reformadas, una terraza con piscina, el vibrante **Ghostbar** (p. 127) de la azotea y restaurantes dirigidos por chefs famosos. En el 2021 fue comprado por la San Manuel Band of Mission Indians, los primeros dueños y operadores de casino indígenas de Las Vegas.

Luces y magia CASINO

Junto al Palms, el **Rio** (PLANO: 2 P. 116 **D7**; *riolasvegas.com*) lleva años inmerso en una transformación que incluye nuevos restaurantes y bares, un renovado complejo de piscinas y 4,8 km de LED programables en su fachada. Los originales espectáculos de luces ya son visibles desde casi cualquier lugar de Las Vegas, y el veterano y vanguardista *show* de magia del resort, **'Penn & Teller'** (véase 2; *pennandteller.com*), tiene lugar todas las noches de jueves a domingo. Esta peculiar pareja lleva creando ilusiones más de 50 años, con su ingenio mordaz, sus picantes bromas y hazañas tan increíbles como atrapar balas con los dientes. Triunfan porque explican algunos de sus trucos, pero no todos. Tras la función firman autógrafos y es posible hacerse selfis con ellos.

Más discreto CASINOS

En el Southwest Valley, que está urbanizándose rápidamente, el **Durango Casino & Resort** (PLANO: 3 P. 116 **A8**; *durangoresort.com*) es uno de los hoteles con casino más nuevos de Las Vegas, y uno de los más atractivos fuera del Strip. El proyecto de 780 millones de dólares se inauguró en el 2023 y cuenta con diversos restaurantes y bares, así como tragaperras, juegos de mesa y una casa de apuestas deportivas con asientos en el interior y al aire libre. Lo que realmente distingue al resort es su diseño, que enfatiza los espacios abiertos y la luz natural gracias a sus enormes ventanales. Tiene zona de restauración.

De la misma dirección del Durango, **Red Rock Casino Resort & Spa** (PLANO: 4 P. 116 **A2**; *redrockresort.com*) es una buena opción fuera del Strip para quienes deseen un poco de paz o planeen explorar la **Red Rock Canyon National Conservation Area** (p. 128).

Explorar Chinatown ZONA

PLANO: 5 P. 116 **C6**

El **Chinatown** de Las Vegas carece de la autenticidad del de San

Francisco, pero, con sus fachadas tradicionales y 20 centros comerciales, atrae a multitud de turistas, en especial por la comida: hay más de 150 restaurantes de comida china, puestos de fideos vietnamitas abiertos de madrugada, bares de *sushi* japoneses, barbacoas coreanas... Se aconseja curiosear en los supermercados asiáticos o aprender sobre hierbas y remedios chinos en **T & T Ginseng** (p. 127). Apenas a 3 km del Strip, es fácilmente accesible en taxi o Uber

La hora 'tiki' BARES

Catedral del *kitsch* polinesio de imitación, el **Golden Tiki** (PLANO: 8 P. 116 **C6**; *thegoldentiki.com*) es un popular bar abierto día y noche en Chinatown, lleno de ídolos brillantes, restos de naufragios, falsas calaveras, paredes de bambú y paja, y baratijas de películas de serie B de Hollywood.

La carta de cócteles es impresionante e ingeniosa. Las bebidas se sirven en vasos *tiki* conmemorativos si se desea y hay desde brebajes tradicionales como el clásico *mai tai* hasta el venerado *three dots and a dash*. Por 1 US$ flambean la bebida. *Pupu,* minihamburguesas, alitas y otros aperitivos acompañan las bebidas.

Otro lugar popular es **Frankie's Tiki Room** (PLANO: 9 P. 116 **F2**; *frankiestikiroom.com*), cuyos creativos cócteles se clasifican en la carta con calaveras según la intensidad. Aquí hay una explosión *tiki* pero el nivel de humo roza lo nuclear.

MÁS COSAS DIVERTIDÍSIMAS

KISS World

véase 2

En Rio, este salón de recreativos y minigolf es una fantasía de luz negra inspirada en la banda de *rock* Kiss. Se puede jugar bajo una guitarra gigante de neón o disparar directamente a la lengua de Gene Simmons.

Vegas Balloon Rides

PLANO: 6 P. 116 **D8**

Los paseos en globo al amanecer ofrecen vistas panorámicas del Strip, las Spring Mountains, la sierra Nevada y el Death Valley. El recorrido comienza a las 4.00 e incluye champán.

K1 Speed

PLANO: 7 P. 116 **C8**

Ideado por los campeones de la NASCAR y Supercross e inspirado en los circuitos de Fórmula 1, cuenta con los karts de interior más rápidos del país: hasta 72 km/h.

Carreras de coches en miniatura JUEGOS

PLANO: 10 P. 116 **B3**

El original **Slot Car City** *(slotcarcity.com; carreras desde 7 US$)* ofrece carreras de coches en miniatura en una pista interior de 45 m. Los aficionados pueden construir, alquilar y poner a competir coches en las categorías principiante, avanzado y experto. En las carreras semanales hay premios.

SUGERENCIAS

Lo mejor para...

$ Económico $$ Medio $$$ Alto

Localizaciones en el plano de la **p. 116**

Comer

Cocina china

ShangHai Taste $
11 C6
Galardonado restaurante de comida callejera al estilo de Shanghái, especializado en sopas, tortitas de cebolleta, pato, fideos y arroz frito. *11.00-21.00*

Ping Pang Pong $$
12 D8
Creado por el chef Kevin Wu, este menú cocinado al *wok* abarca desde guiso de mariscos de Beijing hasta fideos de Shanghái o arroz frito cantonés. *10.00-3.00*

Noodle Exchange $$
13 D8
Auténtica comida china en el casino Gold Coast con servicio rápido, ambiente informal y especialidades deliciosas. *12.00-22.00*

Cocina japonesa

Kabuto $$
14 B6
Restaurante tradicional donde el pescado llega de Tokio y los precios son razonables. Destaca el *omakase. 17.30-21.00*

KAIA Las Vegas $$
15 E5
Delicioso *sushi* en AREA15, con un ambiente fantástico y servicio muy amable. *11.00-23.00 do-ju, hasta 1.00 vi y sa*

Raku $$
16 B6
Los amantes de la auténtica comida japonesa deben probar el *omakase*. El *sushi* y el *yakitori* son una delicia. *17.00-1.00*

Chubby Cattle BBQ $$$
17 C6
Local de barbacoa japonesa especializado en *wagyu*. Es parte de una popular cadena de locales *hot pot. 12.00-23.00*

'Pizza'

Cottonwood Station $$
18 E8
En el enclave histórico de Blue Diamond, este restaurante familiar ofrece excelente *pizza*, sabrosa cerveza y cócteles creativos. *7.00-20.00 mi-do, hasta 17.00 ma*

Naked City Pizza Decatur $$
19 B8
La *pizza* de estilo neoyorquino hecha en esta cadena es muy popular. También tiene sabrosas alitas de pollo y un servicio amabilísimo. *24 h ju-lu, 7.00-1.00 ma, hasta 24.00 mi*

The Beast $$
20 E6
El *gastropub steampunk* de AREA15. *Pizza* deliciosa, comida sureña casera y barbacoas. *11.00-21.00 do-mi, hasta 24.00 ju-sa*

Cocina informal

Springs Cafe $$
21 D1
Para deleitarse con sándwiches y ensaladas en el interior o en la amplia terraza con vistas del perfil de la ciudad sobre el horizonte. *9.00-15.30 ju-lu*

Gäbi Coffee & Bakery $
22 A6
Encantadora cafetería de Chinatown inspirada en el cine coreano contemporáneo, con un invernadero interior. *8.00-22.00*

Marisco

Hot n Juicy Crawfish $$

23 D6

El nombre de esta popularísima cadena lo dice todo: cangrejos de río picantes, calientes y jugosos servidos por libras o en cestas, además de una gran variedad de mariscos deliciosos. *12.00-22.00 lu-ju y sa, hasta 23.00 vi, 11.30-22.00 do*

Other Mama $$$

24 A7

Uno de los mejores locales crudívoros de Las Vegas, además de *sushi*, ceviche, pescado entero a la parrilla, ostras Rockefeller, *carpaccio* de vieiras y mucho más. *17.00-22.00*

Alta cocina y asadores

Scotch 80 Prime $$$

véase 1

En el Palms, los comensales saborean carne de *wagyu* a 49 US$/30 gr en un comedor privado con pinturas de Jean-Michel Basquiat. Excelente *happy hour*. *17.00-22.00*

VooDoo Steak $$$

véase 2

Torres de mariscos, chuletón de *wagyu* y una vista privilegiada del valle de Las Vegas desde su ubicación en el piso 50° del Rio. Divino. *17.00-22.00 vi y sa*

Sparrow + Wolf $$

25 C6

La visión artística de un talentoso chef brilla en esta aventurera joya estadounidense de Chinatown. Pídase el menú de degustación. *17.00-22.00 do-ju, hasta 23.00 sa*

BLACKOUT Dining in the Dark $$$

26 C6

Los camareros, con gafas de visión nocturna, acompañan a los invitados a una sala completamente oscura, donde disfrutan de un menú vegetariano de precio fijo con siete platos y cócteles misteriosos. *17.00-21.00 ju-vi, hasta 21.30 sa, hasta 20.30 do-lu*

Beber

Bares

Ghostbar

véase 1

En la 55ª planta del Palms, con una terraza al aire libre, se llega en un ascensor privado. Ambiente divertido y buenos DJ. *19.00-2.00 mi-sa*

Moon Doggies

27 C6

Local icónico famoso por sus amables camareros, su deliciosa *pizza* y su ambiente relajado. Perfecto para ver un partido. *24 h*

George Sportsmen's Lounge

véase 3

El lujoso bar deportivo del Durango tiene pantallas gigantes. *24 h*

Comprar

Recuerdos

Omega Mart

28 E5

Supermercado con artículos novedosos y originales para comprar. Excelentes recuerdos. *10.00-23.00 vi-do, desde 11.00 lu, ma y ju, 17.00-22.00 mi*

Kappa Toys

véase 28

La tienda de juguetes de AREA15 ofrece todas las rarezas que brillan en la oscuridad y juguetes que quepa imaginar. *11.00-21.00 do-mi, hasta 24.00 ju-sa*

Chinatown

T & T Ginseng

29 C6

En este mercado de Chinatown se aprende sobre hierbas y remedios chinos. También venden té, productos secos y marisco. *10.00-19.00*

CIRCUITO A PIE

En bici o en coche por Red Rock Canyon

A 32 km al oeste del Strip, la **Red Rock Canyon National Conservation Area** recibe más de dos millones de visitantes al año, y requiere reserva de octubre a mayo, de 8.00 a 17.00. Tras recorrer a pie, en bici o en coche sus 21 km de carretera entre coloridas formaciones de arenisca, se comprende por qué.

INICIO	FINAL	DURACIÓN
Centro de visitantes de Red Rock Canyon	Centro de visitantes de Red Rock Canyon	21 km; 2 h

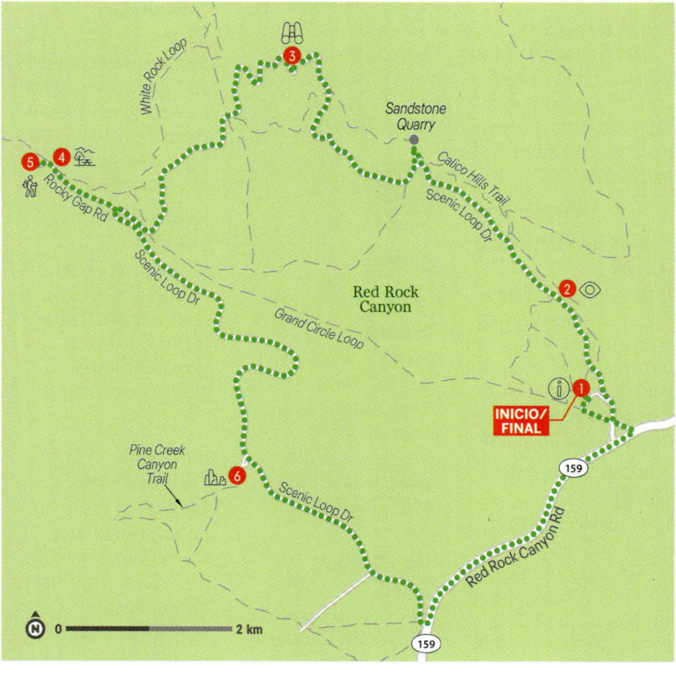

1 Saludar a las tortugas

Tras acceder y pagar la entrada *(vehículo/bicicleta 20/10 $)*, se aparca en el **centro de visitantes** para explorar las fascinantes exposiciones al aire libre. Atención a las nueve tortugas del desierto rescatadas que a veces salen de sus madrigueras en la exposición sobre el hábitat.

2 Rocas rojísimas

Al inicio de Scenic Loop Dr, comienzan a vislumbrarse las lejanas e impactantes formaciones de arenisca **Calico 1** y **Calico 2.** Si no molestan las multitudes, es posible tomarse una selfi en uno de estos espectaculares miradores. De lo contrario, mejor continuar hasta **Sandstone Quarry,** un lugar menos visitado donde las rocas de color rojo y crema convergen en un contraste impactante.

3 Vistas impresionantes

Se pasea entre arbustos del desierto y árboles de Josué hasta el **mirador de High Point,** con una impresionante vista panorámica de la escarpa de Red Rock Canyon. Al amanecer o el atardecer las paredes rocosas resplandecen con brillantes tonos rojizos.

4 Pictograma

Se recorre Rocky Gap Rd (un desvío del circuito principal) para admirar algunos de los pictogramas más accesibles e impresionantes de Nevada en la **Willow Springs Picnic Area.** Bajo una grieta en la roca se ven cinco manos milenarias de un característico color rojo. Se cree que algunas zonas de piedra caliza oscurecida y agrietada que hay detrás de ellas sirvieron como hoyos para tostar agave.

5 Petroglifos

Se da otra breve caminata por el cercano **Petroglyph Wall Trail** para ver antiguos petroglifos, imágenes cinceladas en la superficie de la roca. Son espectaculares: la superficie de la piedra tiene una capa de minerales oxidados y los dibujos contrastan con tonos más apagados.

6 Pinos del desierto

Se continúa hasta llegar a **Pine Creek Canyon.** El sendero de 3,8 km serpentea a través del cañón y pasa junto a imponentes pinos ponderosa, cuya corteza asemeja un rompecabezas. Es raro encontrarlos a esta altitud (1219 m), pero han sobrevivido aquí desde la última Edad de Hielo gracias a la sombra y la humedad del entorno junto al arroyo. Para finalizar, se regresa al centro de visitantes por Red Rock Canyon Rd.

Sugerencias de lugares para comer, beber y comprar en **p. 147**

Explora Downtown y el Arts District

La historia de Las Vegas comienza en Downtown, donde fue fundada la ciudad en 1905. Este núcleo histórico y sus casinos prosperaron mucho antes de que el brillo de Las Vegas Blvd tomara el protagonismo, y en los últimos años ha experimentado un resurgir. Fremont Street Experience, un corredor peatonal de cinco manzanas bajo un manto de luces LED, está más animada que nunca. Varios de los principales resorts están renovándose y los innovadores complejos comerciales le dan un aire moderno. Mientras, el cercano Arts District, lleno de bares y cervecerías, está creciendo tan rápido que muchos de los artistas están teniendo que irse por los altos precios.

Cómo desplazarse

A pie
Tanto Downtown como el Arts District se pueden recorrer a pie. De noche, conviene quedarse en zonas iluminadas y concurridas.

Taxi y aplicaciones de movilidad
Hay muchos taxis ante los hoteles. Las *apps* de movilidad también son populares (hay zonas de recogida específicas).

Autobús
El Downtown Loop, gratuito, para en los mayores atractivos. El Deuce circula cada 10-15 min entre Downtown y el Strip.

Arts District.
MOTI MEIRI/SHUTTERSTOCK

★

LO MEJOR

FIESTA DE BARRIO
Fremont Street Experience (p. 144)

LUGAR PARA CONOCER A MAFIOSOS
Mob Museum (p. 134)

TANQUE DE TIBURONES
Golden Nugget (p. 136)

TIENDAS ECLÉCTICAS
Downtown Container Park (p. 149)

EVENTO DE ARTE
First Friday (p. 146)

Más información
Imprescindible p. 134
Experiencias p. 144
Comer p. 147
Beber p. 148
Comprar p. 149
0 0,5 km
A
B
C
D
E
F
1
2
3
4
9 Old Las Vegas Mormon Fort State Park
7 Las Vegas Natural History Museum
5 Neon Museum
Mob Museum
21 Fat Cat
18 Gold Spike
17 Oddfellows
4 El Cortez
2 SlotZilla
44 Don't Tell Mama
22
23 Fremont Country Club
29
28
1 Fremont Street Experience
10 Circa Resort & Casino
40
30
3 Golden Gate Hotel & Casino
36
Golden Nugget
35
34
14 Smith Center for the Performing Arts
8 Discovery Children's Museum
Symphony Park
SYMPHONY PARK
E Washington Ave
W Washington Ave
Las Vegas Fwy
D St
F St
W Bonanza Rd
E Bonanza Rd
Purple Heart Hwy
W Mesquite Ave
Grand Central Pkwy
Symphony Park Ave
Promenade Pl
City Pkwy
N Main St
S Main St
N 1st St
S 1st St
Sycamore La
Biltmore Dr
Veterans Memorial Dr
Bell Dr
Bonanza Way
4th St
N Las Vegas Blvd
Encanto Rd
Harris Ave
Wilson Ave
N 9th St
N 11th St
N Casino Center Blvd
E Stewart Ave
N 3rd St
N 4th St
E Ogden Ave
Fremont St
E Carson Ave
S 3rd St
E Bridger Ave
N 6th St
N 7th St
N 8th St
N 10th St
Mesquite Ave
Linden Ave
P

DOWNTOWN Y EL ARTS DISTRICT

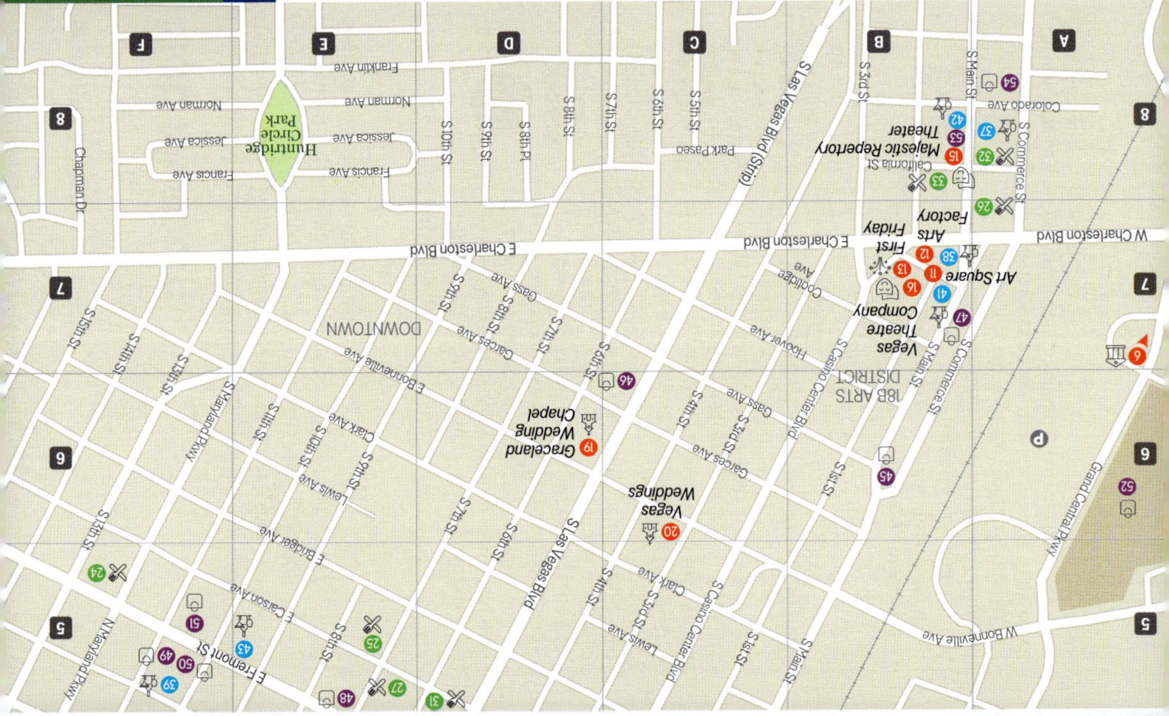

★ IMPRESCINDIBLE

Mob Museum

Este respetado museo narra la época en que los mafiosos controlaban Las Vegas y blanqueaban el dinero sucio en los casinos. Pese a su poco atractivo nombre (Museo Nacional del Crimen Organizado y la Aplicación de la Ley), es muy popular entre lugareños y visitantes.

PLANO: P. 132 **D3**

CONSEJO
En la web hay ofertas e información de eventos especiales, como conciertos en el bar clandestino y charlas del exmafioso y ahora informante del Gobierno Frank Calabrese.

Escanea este código QR para horarios y precios.

El edificio

Ubicado en un imponente e histórico juzgado federal donde fueron testificaron varios mafiosos a principios de la década de 1950, el Mob Museum se inauguró el 14 de febrero del 2012, el 83er aniversario de la famosa Masacre del Día de San Valentín en Chicago. Ilustra la historia del crimen organizado y de los agentes de la ley encargados de combatirlo.

Inscrito en el Registro Nacional de Lugares Históricos, el edificio se construyó en 1933 y fue la primera oficina de correos y juzgado de Las Vegas. Con la condición de que se restaurara y se usara con fines culturales, la policía federal cedió el edificio en el 2002 a la ciudad por el precio simbólico de 1 US$.

Exposiciones

Las exposiciones interactivas fueron diseñadas por el equipo que se encargó del International Spy Museum de Washington DC. Mantenidas con esmero, cuentan la historia del crimen organizado en EE UU mediante objetos cedidos por el FBI relacionados con la mafia y una serie de exposiciones multimedia, incluidas entrevistas a auténticos gánsteres.

KIT LEONG/SHUTTERSTOCK

La exposición más reciente, *La mafia en la cultura pop,* yuxtapone historias reales del crimen organizado con sus representaciones de ficción. Entre los objetos expuestos hay un guion de *Narcos,* armas falsas de *Los Soprano* y *El Padrino II,* y el mechero Zippo de Henry Hill (Ray Liotta) en *Uno de los nuestros.*

Tienda de regalos y otros

La tienda de regalos, cerca de la entrada, es una colección de originales recuerdos: sombreros fedora de gánster, bolígrafos de espía con tinta ultravioleta, el libro de cocina familiar de la mafia o una taza de café con el asa hecha con un puño americano. También tiene una nutrida selección de libros sobre la historia de Las Vegas y la mafia.

Por una tarifa adicional se accede a un simulador de entrenamiento con armas de fuego, un laboratorio forense y una destilería de la época de la Ley Seca (o Prohibición) con visitas guiadas y catas.

UNA PAUSA
Frente al museo está **Flippin' Good Chicken, Burgers, Beers** *(flippingood.com),* un pequeño local con buenas hamburguesas, sándwiches de pollo y batidos a precios razonables.

★ **IMPRESCINDIBLE**

Golden Nugget

De día o de noche, el Golden Nugget es el lugar más encantador de Downtown, con una rica historia, restaurantes y un complejo de piscinas famoso por su tanque de tiburones. Si se le suma un casino deslumbrante, una animada sala de póker y mesas de juego junto a la piscina, no es de extrañar que este resort sea tan popular.

PLANO: P. 132 **C4**

CONSEJO
Para ver de cerca el tanque de tiburones, de 757 m^3, se puede reservar una **visita** *(50 US$)* con un biólogo marino. Miércoles y domingos a la 13.30.

Escanea este código QR para más información sobre el resort.

Historia

El Golden Nugget, uno de los resorts más clásicos de Las Vegas, abrió sus puertas en 1946. En la década de 1970, el magnate de los casinos Steve Wynn se hizo cargo del hotel en su multimillonaria carrera. Posteriormente, en el 2003, los empresarios Tim Poster y Thomas Breitling se lo arrebataron. El dúo catapultó el Nugget a la fama gracias al *reality* de la Fox *Casino,* antes de venderlo a Landry's Inc. en el 2005.

'Hand of Faith' y tanque de tiburones

El Golden Nugget debe su nombre a la *Hand of Faith:* la mayor pepita de oro jamás encontrada, con un peso de 28 kg. Descubierta en Australia, suele estar en una vitrina del vestíbulo, aunque a veces la llevan a otros casinos de la cadena.

Desde la terraza de la piscina se puede admirar el enorme tanque de tiburones; la parte trasera ofrece las mejores vistas. Hay cinco especies, además de peces y mantarrayas. Los huéspedes del hotel pueden deslizarse por el acuario: un tobogán acuático cerrado que baja tres pisos a través del tanque, ofreciendo una experiencia única para los amantes de las emociones fuertes.

PE DRA/SHUTTERSTOCK

Juegos de azar y restaurantes

Los asientos de latón pulido y cuero blanco del **casino,** de 3530 m², son exponente del lujo al estilo Downtown. La espaciosa sala de póker, para no fumadores, organiza torneos diarios, y fuera, junto a la piscina, uno puede relajarse en una mesa de *blackjack* o de dados con un cóctel en la mano.

Si ha gustado el tanque de tiburones, se puede echar un vistazo al otro acuario del Golden Nugget. La sucursal en Las Vegas de la exclusiva cadena de restaurantes **Chart House** (p. 148) cuenta con un impresionante acuario de 284 m³ y sirve diversas delicias acuáticas como bacalao negro, centollo de Alaska y gambas al coco, un placer en una ciudad donde los asadores llevan la voz cantante (aunque también hay delicias carnívoras).

UNA PAUSA

A la vuelta de la esquina está el enorme **Gold Spike** (p. 146); con sala de juegos, salones y terraza, donde hay algo para todos.

CIRCUITO A PIE

Downtown

Con los casinos de Fremont Street Experience, museos de moda y un montón de entretenimiento gratuito, un paseo por Downtown es un excelente antídoto al desenfreno del Strip. Se podrá conocer a mafiosos y quedar deslumbrado ante antiguos neones y un espectáculo de luz y sonido.

INICIO	FINAL	DURACIÓN
Fremont Street	Oscar's Steakhouse	1,6 km; 2 h

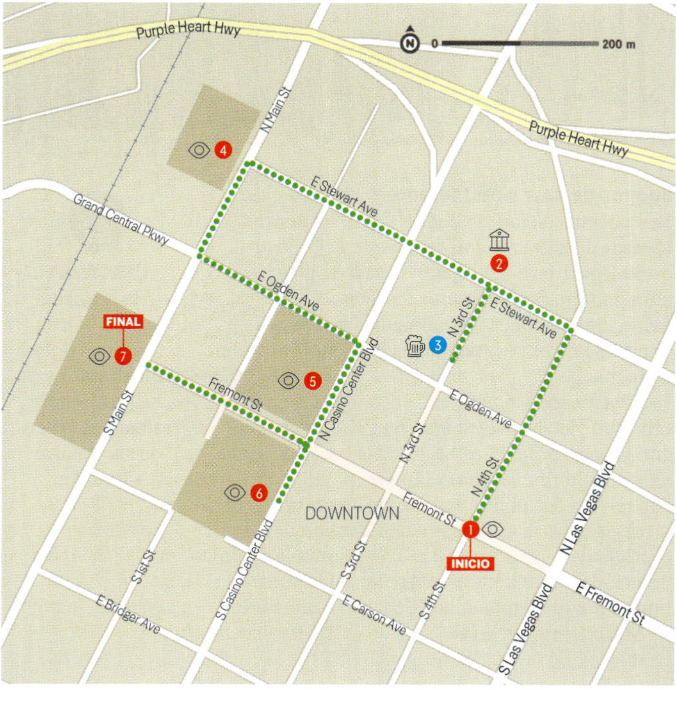

1 El corazón palpitante de Downtown

Se va al este por el corazón de Glitter Gulch, el barrio de apuestas original de Las Vegas, renacido en 1995 como **Fremont Street Experience** (p. 144). Los más osados pueden sobrevolar la calle con la tirolina Slotzilla, que sale de una plataforma con forma de tragaperras gigante. Se tendrá vistas estupendas del Vegas Vic, el icónico neón de la década de 1950 de un vaquero de 12 m en el lado sur de Fremont St, en la esquina con1st St.

2 Atrapar a criminales

El **Mob Museum** (p. 134) ofrece una visión general del crimen organizado en EE UU desde principios del s. xx hasta el presente. Desde Bugsy Siegel hasta Tony Soprano aparecen en este museo que ocupa el antiguo juzgado de Downtown, donde algunos mafiosos fueron procesados a principios de la década de 1950. No hay que perderse el bar clandestino del sótano.

3 Dejarse llevar

Si hay sed hay que ir al cercano y emblemático bar de moteros **Hogs & Heifers** para tomar una cerveza mientras los empleados bailan en la barra.

4 Reliquias de las tragaperras

Al oeste por Stewart Ave se llega a la **Main Street Station,** con una ecléctica colección de antigüedades. Se sigue al sur por Main St pasando por el vagón de tren que perteneció al artista del Viejo Oeste Buffalo Bill Cody.

5 Apuesta por ello

Al este, atajando por el corazón de Glitter Gulch, se entra en el histórico **Binion's** para disfrutar de la acción en la sala de póker y ver a auténticos vaqueros probar suerte con el *blackjack*. Este lugar lo abrió en 1951 el texano Benny Binion, que ofrecía bebidas gratis a los jugadores de las tragaperras y traslados en limusina al aeropuerto a los grandes apostadores.

6 Oro y tiburones

Al otro lado de Fremont St se alza el elegante **Golden Nugget** (p. 136), donde se puede contemplar la gigantesca *Hand of Faith* en el vestíbulo del casino, luego se admira el enorme tanque de tiburones desde la terraza de la piscina y la audacia de los huéspedes que se lanzan por el tobogán.

7 Una comida con vistas

La caminata termina en el renovado **Plaza,** donde se puede imaginar cómo sería Las Vegas cuando el adyacente Union Pacific Railroad subastó en 1905 lo que entonces eran unos polvorientos terrenos. En la planta de arriba, **Oscar's Steakhouse** y su salón de *martinis* ofrecen vistas de Fremont Street Experience.

CIRCUITO A PIE

Fremont East

El tramo de Fremont St al este de Las Vegas Blvd y unas manzanas al sur forman el Fremont East Entertainment District, conocido simplemente como "Fremont East", un cóctel de emociones y diversión lleno de locales de fiesta y bares (desde antros a discotecas), junto con algunos de los restaurantes más tranquilos de Las Vegas.

INICIO	FINAL	DURACIÓN
Commonweath	Oddfellows	1,6 km; 2 h

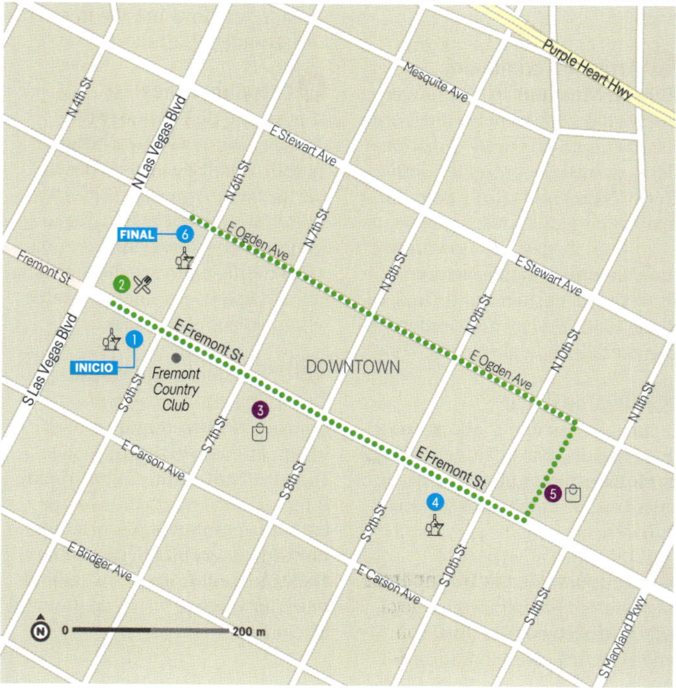

1 Empieza la fiesta

Se empieza con un cóctel en el bar **Commonwealth** (p. 148), de la época de la Ley Seca, que cuenta con elegantes reservados, lámparas de araña de luz tenue y curiosidades victorianas. Hay una zona "clandestina" llamada Laundry Room y una azotea con vistas a Fremont East ideal para disfrutar de un cóctel clásico.

2 La noche no acaba

En Las Vegas la noche no acaba nunca, algo que puede comprobarse viendo a la gente desde la terraza del **Park on Fremont** (p. 147), un *gastropub* con platos para compartir. Si se busca más acción, suele haber algo en el cercano Fremont Country Club, una enorme sala de conciertos donde se oye de todo: *rock, blues, country,* punk o pop.

3 Diversión en el parque

Luego se sigue hasta el **Downtown Container Park** (p. 149), un lugar de encuentro familiar, sede de artesanos durante el día y una fiesta solo para mayores de 21 años a partir de las 21.00. Al ponerse el sol, los bares cobran vida y se organizan eventos temáticos y noches de cine. Con gastronetas, terrazas y diversión hasta las tantas; hay puestos que venden de todo.

4 La opción nuclear

Atomic Liquors (p. 148), de la década de 1950, es el bar (no perteneciente a un casino u hotel) en funcionamiento continuo más antiguo de la ciudad, y se ha reconvertido en un rincón de moda de cócteles artesanales. Su nombre se debe a la Guerra Fría, cuando se realizaban pruebas nucleares al noroeste de la ciudad, en el desierto de Mojave. Los carteles de neón son de los mejores de la ciudad, y eso, en Las Vegas, son palabras mayores. El adyacente restaurante Kitchen at Atomic ofrece cocina de calidad.

5 Motel reconvertido

Fergusons Downtown (p. 149), un antiguo motel remozado lleno de arte, tiendas y eventos, está más animado durante el día. Por la noche, se puede ir al bar-restaurante **F the Bar** (p. 148), con cócteles deliciosos y clases para hacerlos. Una escultura gigantesca hecha con camiones articulados da la bienvenida al jardín.

6 Club relajado

Conocido como "el club para la gente a la que no le gustan los clubes", **Oddfellows** (p. 146) es un popular local donde la gente se divierte sin inhibiciones hasta altas horas de la noche. En su sitio web hay información sobre eventos y fiestas temáticas.

CIRCUITO A PIE

Por el Arts District

El Arts District comenzó siendo una mezcla de estudios de artistas, galerías, arte callejero y escaparates. Si bien ese ambiente se mantiene, el aumento del precio de los alquileres ha atraído un modelo de negocio más rentable: los bares. Este recorrido incluye los clásicos del arte así como Brewery Row, zona de cervecerías y *taprooms* que están transformando el barrio.

INICIO	FINAL	DURACIÓN
Able Baker Brewing	Callejón de grafitis	0,8 km; 2 h

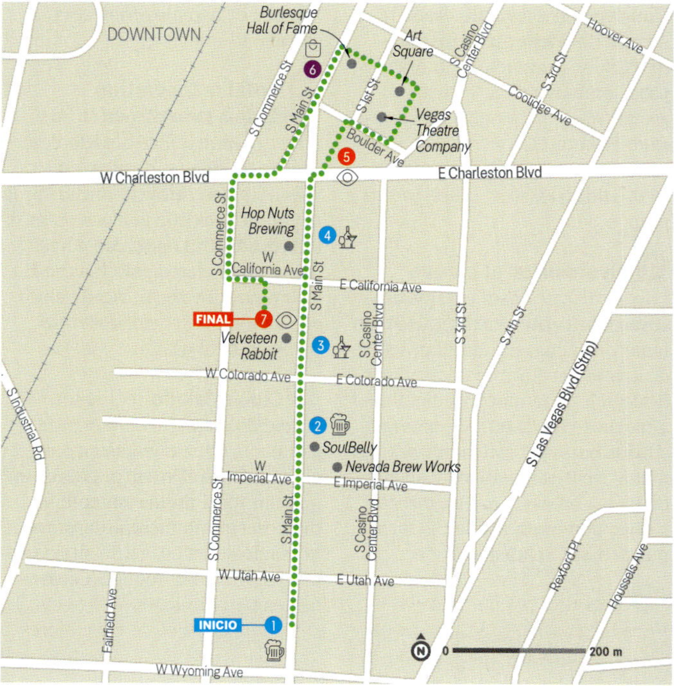

1 Brewery Row

Se comienza en **Able Baker Brewing,** una microcervecería en la punta sur del Arts District, de temática atómica y 30 grifos que incluyen una amplia variedad de cervezas, incluida la apreciada IPA Atomic Duck. Desde allí, un corto paseo por Main St lleva a **Nevada Brew Works,** local con una enorme terraza y una amplia selección de cervezas y *whiskeys*.

2 Alcohol y barbacoas

Justo al lado, **HUDL Brewing Co** sirve 11 cervezas originales de barril, incluidas *stouts,* IPA y la popular *cream ale* Vanilla Oak. Aquí no hay comida, pero se puede comer una deliciosa falda de res, costillas o panceta de cerdo glaseada con *bourbon* en el encantador **SoulBelly,** justo al lado.

3 Bares, conejos y curiosidades

Se baja la comida caminando hasta **ReBAR** (p. 148), un templo de objetos artesanales, carteles de bar clásicos, jarras de cerveza y objetos únicos. Y sí, también un bar. Al otro lado de la calle, **Velveteen Rabbit** (p. 148) pone la mixología a un nuevo nivel con cócteles imaginativos, una decena de cervezas artesanales de barril y una terraza muy rosa.

4 Vibraciones jamaicanas

Toca luego ir hasta **Jammyland,** restaurante-bar jamaicano con una carta de inspiración *reggae* y una alegre terraza perfecta para observar gente. Si aún hay sed tras la visita a Brewery Row, la primera cervecería del barrio, **Hop Nuts Brewing,** está al cruzar la calle.

5 Arts Factory y Art Square

Juntas, **Arts Factory** y **Art Square** (p. 146) forman el núcleo del Arts District. Antaño un bloque de edificios y almacenes abandonados, ahora alberga la Vegas Theatre Company, que presenta una gran variedad de producciones. Art Square es también el epicentro de **First Friday** (p. 146), evento que congrega a miles de personas.

6 'Boutiques' y 'burlesque'

El Arts District está repleto de *boutiques* originales, tiendas *vintage* y *outlets,* todo ello en constante cambio. Se puede comenzar en **OG Rainbow Feather** (p. 149) y luego pasar por el **Burlesque Hall of Fame,** un museo lleno de trajes de lentejuelas y fotografías de sensuales estrellas del pasado.

7 Núcleo del arte urbano

El **callejón** entre S Commerce St y S Main St, entre W Imperial Av y Charleston Blvd, alberga muy buenos grafitis, aunque todo el Arts District y la zona en torno a Fremont East es una galería de arte urbano, incluidos edificios enteros y obras de varios pisos de altura de algunos de los mejores artistas del mundo.

EXPERIENCIAS

Con ustedes, Fremont Street — CENTRO COMERCIAL

Fremont Street Experience (PLANO: 1 P. 132 **D4**), calle peatonal que se extiende por el centro del distrito histórico de Las Vegas, es un conglomerado comercial de cinco manzanas rodeado de casinos clásicos y coronado por una cubierta de acero. Cada hora, desde el anochecer hasta medianoche, la cubierta de 426 m de largo ofrece un espectáculo de luz y sonido de 6 min. La música en vivo comienza sobre las 18.00 en tres escenarios. Se puede sobrevolarlo todo en la tirolina **SlotZilla,** de 12 pisos de altura (PLANO: 2 P. 132 **D4**; *vegasexperience.com/slotzilla-zip-line; desde 49 US$*), a la que se accede por una plataforma que simula una tragaperras gigante en el extremo este de la calle.

OLD LAS VEGAS MORMON FORT STATE PARK

PLANO: 9 P. 132 **F1**

El sur de Nevada tiene profundas raíces mormonas, una confesión cristiana muy conservadora. Fieles procedentes de Utah se instalaron junto a un arroyo de la zona en la década de 1850. Aunque el asentamiento fue abandonado al cabo de un par de años, los visitantes actuales pueden hacerse una idea de la dura vida en el desierto de Mojave a la que se enfrentaron aquellos pioneros en el **Old Las Vegas Mormon Fort State Park** *(parks.nv.gov/parks/old-las-vegas-mormon-fort; 3 US$)*, con los restos de una construcción de adobe y un centro de visitantes con exposiciones sobre el lugar.

Visitar el viejo Las Vegas — HISTORIA

En Downtown se pueden descubrir los rincones que aún subsisten de la antigua ciudad. Destaca el **Golden Gate Hotel & Casino** (PLANO: 3 P. 132 **C4**), donde en 1906 el alojamiento y la comida costaban 1 US$ al día. Espartanas y estrechas para los estándares actuales, las habitaciones "Original 10" no han cambiado desde que se inauguró, y aún es posible alojarse en ellas. El hotel tuvo electricidad y calefacción por vapor desde su inauguración.

En el extremo este de Fremont St, **El Cortez** (PLANO: 4 P. 132 **E4**) fue el primer hotel de Las Vegas controlado por la mafia, cuando Bugsy Siegel y sus amigos lo compraron en 1945. El edificio, con una fachada intacta de 1941, está inscrito en el Registro Nacional de Lugares Históricos. En el interior, el "pasillo de la historia" está adornado con fotos antiguas, recortes de periódico y recuerdos.

Ver historia iluminada — MUSEO

PLANO: 5 P. 132 **E2**

El **Neon Museum** *(neonmuseum.org; adultos/niños día 25/12,50 US$, noche 35/17,50 US$)* está lleno de carteles antiguos anuncio de neón de casinos ya desaparecidos, como los del Binion's Horseshoe, el Moulin Rouge y el Stardust. Algunos se han restaurado, y se encienden en la sesión nocturna. Hay **visitas** *(desde 15 US$, 45 min)* guiadas.

Vuelta al punk MUSEO

PLANO: 6 P. 132 **A7**

En el extremo oeste del Arts District, el **Punk Rock Museum** *(the punkrockmuseum.com; 39 US$)* está repleto de fotos, folletos, letras manuscritas, ropa, instrumentos y otros objetos. Destacan el anillo de boda de Dee Dee Ramone y una bala que contiene parte de las cenizas del fundador de Motörhead, Lemmy Kilmister. También hay instrumentos de músicos famosos que cualquiera puede tocar, como la guitarra de Joan Jett.

Entretener a los niños MUSEOS

En el **Las Vegas Natural History Museum** (PLANO: 7 P. 132 **F1**; *lvnhm.org; adultos/niños 14/12 US$*), la sala sobre la prehistoria alberga una maqueta de un tiranosaurio rex de 10,6 m que mueve la cabeza y ruge, mientras que la Nevada Gallery exhibe la fauna del desierto de Mojave, del musmón a los pumas.

En un edificio vanguardista del Symphony Park, el **Discovery Children's Museum** (PLANO: 8 P. 132 **B4**; *discoverykidslv.org; 20 US$*) está especialmente diseñado para los pequeños. Destaca "The Summit", una torre de 12 pisos de actividades interactivas y zonas de juego.

LOS MEJORES TEATROS

Smith Center for the Performing Arts

PLANO: 14 P. 132 **B4**

Con una gran acústica y un diseño de inspiración *art déco*, este centro en Downtown acoge producciones de Broadway y locales.

Majestic Repertory Theater

PLANO: 15 P. 132 **B8**

Originales y extravagantes producciones en este fabuloso teatro del Arts District.

Vegas Theatre Company

PLANO: 16 P. 132 **B7**

Desde una obra ganadora del Premio Pulitzer sobre una mujer negra en los EE UU de Trump, hasta un musical australiano sobre Satanás bailando tango. Esto es Las Vegas.

Hacer apuestas deportivas RESORT

PLANO: 10 P. 132 **C3**

El **Circa Resort & Casino** es el primer hotel-casino construido en Downtown desde 1980 y el primero solo para adultos de Las Vegas,. Entre sus atractivos se encuentra la mayor casa de apuestas deportivas del mundo, tres pisos donde los clientes pueden hacer sus apuestas y contemplar el desarrollo de las competiciones en grandes pantallas. Stadium Swim, su anfiteatro, tiene otras tres plantas, seis piscinas, dos *jacuzzis* y una pantalla de 12 m que retransmite partidos.

LOS MEJORES LOCALES DE MÚSICA EN VIVO

Fat Cat
PLANO: 21 P. 132 **D3**
Nuevo y fantástico club de *jazz* en pleno Downtown, con improvisaciones de *funk, jazz, big-bands* y cócteles fuertes.

Don't Tell Mama
PLANO: 22 P. 132 **D4**
Un agradable piano-bar en Fremont East, muy querido por los lugareños, que acuden en masa los fines de semana.

Fremont Country Club
PLANO: 23 P. 132 **E4**
En esta enorme sala de conciertos clásica de Fremont East se puede esperar cualquier música: *rock*, alternativa, *blues, country, punk* y hasta pop.

Sumergirse en las artes DISTRITO

En constante expansión, las calles del Arts District están llenas de esculturas, murales y galerías que se extienden al norte y al sur de Charleston Ave, que atraviesa la zona de este a oeste. El centro de la misma es **Art Square** (PLANO: 11 P. 132 **B7**; *dtlvarts.com/dtlv-arts-art-square*), que alberga espacios creativos, comerciales y profesionales, incluido un artístico bar. Al lado, **Arts Factory** (PLANO: 12 P. 132 **B7**; *theartsfactorylv.com*) acoge **First Friday** (PLANO: 13 P. 132 **B7**; *ffflv.org*), un evento que congrega a miles de personas que acuden al barrio de 17.00 a 23.00 para ver galerías y disfrutar de la música en directo. Consúltese la web para información sobre transporte. Cuando cierran las galerías, se celebran fiestas en bares y clubes tanto en el Arts District como en eFremont East Entertaiment District.

Bailar toda la noche CLUBES

Lugareños y turistas acuden al **Fremont East Entertainment District** (*fremonteast.com*) para disfrutar de la mejor vida nocturna de la ciudad. El distrito se extiende cuatro manzanas al este de Las Vegas Blvd por Fremont St. Su bar de azotea más popular, **Commonwealth** (p. 148; *commonwealthlv.com*), es ideal para bailar con vistas. Otros locales destacados son el original **Oddfellows** (PLANO: 17 P. 132 **E4**; *oddfellowslv.com*) y **Gold Spike** (PLANO: 18 P. 132 **D4**; *goldspike.com*), con zonas para relajarse, jardín incluido.

Una boda en Las Vegas CAPILLAS

Desde 1977, la **Graceland Wedding Chapel** (PLANO: 19 P. 132 **D6**; *gracelandchapel.com; desde 249 US$*) ofrece bodas con dobles de Elvis que han ejercido de padrinos de celebridades como Jon Bon Jovi, Billy Ray Cyrus y Aaron Neville. También se puede probar la ventanilla exprés para casarse sin salir del coche de **Vegas Weddings** (PLANO: 20 P. 132 **C6**; *702wedding.com; desde 89 US$*), que dispone asimismo de capilla y organiza bodas en lugares como el lago Mead y el Gran Cañón.

Lo mejor para...

$ Económico $$ Medio $$$ Alto

Localizaciones en el plano de la **p. 132**

Comer

Desayunos y 'brunches'

PublicUs $$
24 F5
Animado café con versiones innovadoras de los clásicos desayunos como tostadas de aguacate con salsa de chile guajillo. *7.00-15.00*

eat $
25 E5
El espíritu comunitario y la cocina creativa con productos locales son motivo suficiente para aventurarse más allá de Fremont St en busca de esta joya para desayunar y almorzar. *8.00-14.00 vi-lu*

Makers & Finders $
26 A7
Las empanadas todo el día y el café preparado de siete formas diferentes dan brillo a este local de inspiración latina. *7.00-16.00 lu-mi, vi y sa, 9.00-17.00 do*

Parlour Coffee & Cooking $
27 E5
Local de *brunches* con alcohol e innovadores sabores de *latte*, como *rocky road*, además de deliciosas tortitas, burritos y empanadas de falda de res. *7.30-15.00 lu-vi, 8.00-16.00 sa y do*

Comidas informales

Evel Pie $
28 E4
Esta original pizzería ofrece recuerdos auténticos de Evel Knievel y aderezos atrevidos como panceta de cerdo confitada y salchicha de serpiente de cascabel. *11.00-2.00 do-ju, hasta 4.00 vi y sa*

Park on Fremont $
29 D4
Famoso por su surtido de nachos, *garbage fries* con queso y una terraza estupenda para observar a la gente. *17.00-22.00 lu-ju, desde 11.00 vi-do*

Cocina asiática

Le Thai $$
véase 22
Restaurante tailandés sin pretensiones con fantásticos tallarines y curris veganos, una pequeña terraza y cócteles increíbles. *11.00-22.00 lu-ju, hasta 23.00 vi y sa, 16.00-22.00 do*

8 East $$
30 C3
Restaurante familiar panasiático en Circa, con ambiente animado y precios razonables. Pruébese la panceta de cerdo y la Tokyo crepe. *11.00-23.00 do-ju, hasta 24.00 vi y sa*

Restaurantes de barrio

Carson Kitchen $$
31 D5
Pequeño restaurante con ambiente industrial, terraza en la azotea y excelentes platos compartidos de clásicos estadounidenses creativos. *11.30-22.00 do-ju, hasta 23.00 vi y sa*

Main St Provisions $$
32 A8
Delicioso restaurante estadounidense moderno que logra parecer un clásico de barrio y a la vez ofrece novedades como fuagrás. *16.30-22.00 lu-vi, desde 16.00 sa, hasta 21.00 do*

Esther's Kitchen $$
33 B8
Restaurante acogedor y popular con excelente cocina italiana a precios comedidos. *11.00-23.00 lu-mi y vi, desde 10.00 sa y do*

Restaurantes elegantes y asadores

Barry's Downtown Prime $$$
véase 10
Elegante asador con carnes deliciosas y una explosión de macarrones con langosta. *17.00-22.00 do-ju, hasta 23.00 vi y sa*

Andiamo Steakhouse $$$
34 D4
En el piso de arriba del D Hotel, este elegante asador italiano ofrece reservados tapizados en forma de media luna, camareros educadísimos y cortes clásicos. *17.00-23.00*

Hugo's Cellar $$$
35 D4
Como una fiesta de la década de 1950, con ternera Oscar y Wellington y cerezas jubileas. *17.00-22.00*

Chart House $$$
36 C4
En el Golden Nugget, esta cadena de alta gama sirve la clásica cola de langosta y solomillo, y cuenta con un acuario de 284 m^3. *16.00-22.00 lu-ju, desde 12.00 vi-do*

Beber

Coctelerías

Velveteen Rabbit
37 A8
Animado laberinto de decoración artística con cócteles imaginativos, una docena de cervezas artesanales de barril y terraza. *17.00-24.00 do-mi, hasta 2.00 vi y sa*

Craft Creamery
38 B7
En esta heladería, una puerta especial de congelador da paso a un elegante y moderno bar clandestino con excelente comida y bebidas. Hay que averiguar la contraseña. *13.00-1.00 do-ju, hasta 2.00 sa y do*

F the Bar
39 F5
Este bar de Downtown se especializa en cócteles divertidos y enseña a los clientes a prepararlos. *12.00-22.00 vi-do, desde 14.00 ju*

Bares de azotea

Legacy Club
40 C3
El elegante bar de cócteles de la azotea del Circa tiene vistas panorámicas y abre hasta la madrugada los fines de semana. *16.00-2.00 do-ju, hasta 3.00 vi y sa*

Commonwealth
véase 22
Reservados elegantes, lámparas de araña de luz tenue y una terraza espectacular en la azotea. Tiene un bar oculto: The Laundry Room. *22.00-2.00 do y ju, hasta 3.00 lu, 19.00-3.00 vi y sa*

Roof
41 B7
El bar de azotea del restaurante griego Taverna Costera ofrece entretenimiento en vivo y vistas del valle de Las Vegas. *10.30-21.00 do, hasta 24.00 mi y ju, hasta 1.00 vi y sa*

Bares

ReBAR
42 B8
Se puede curiosear en busca del recuerdo retro perfecto y luego, sentarse a disfrutar de una respetable selección de cervezas y licores, y del brillo *vintage*. *12.00-24.00 do-mi, hasta 2.00 vi y sa*

Atomic Liquors
43 E5
El bar independiente en funcionamiento continuo más antiguo de Downtown antaño fue lugar de reunión del Rat Pack, y el

interior *vintage* transporta al pasado. *12.00-2.00 lu-vi, hasta 3.00 sa y do*

Griffin

44 D4

Cervezas artesanales y cócteles en un bar en penumbra. Con chimeneas, reservados de cuero y una genial gramola. *18.00-2.00 do-mi, desde 20.00 ju, 18.00-3.00 vi*

Comprar

Recuerdos

Gamblers General Store

45 B6

Esta supertienda de artículos de juego ofrece recuerdos de Sin City como fichas de póker personalizables, dados con los colores del arcoíris y barajas de cartas de casino coleccionables. *9.00-17.30 lu-sa, hasta 16.30 do*

Gold & Silver Pawn

46 C6

Como se ve en la famosa serie *El precio de la historia,* esta tienda de aspecto humilde por fuera tiene de todo: desde rifles del Viejo Oeste hasta recuerdos de casinos antiguos. *10.00-17.30*

OG Rainbow Feather Co

47 B7

Rainbow cuenta con finas plumas y abanicos para los trajes de corista de Las Vegas en todos los tonos, desde rojo fuego y rosa intenso hasta verde neón y negro azabache. *9.00-16.00 lu-vi, hasta 13.00 sa*

Productos locales

Downtown Container Park

48 E5

Complejo al aire libre construido a partir de contenedores de mercancías y cubos de acero que contienen *boutiques* independientes, galerías y mucho más. *11.30-23.00*

Fergusons Downtown

49 F5

Las tiendas de este motel reformado incluyen una tienda de artículos de baño que ofrece productos hechos a mano, una *boutique* con temática del desierto, y una tienda de segunda mano. *8.00-17.00 lu-mi, hasta 22.00 ju-do*

Música y libros

Writers' Block

50 F5

Librería independiente maravillosamente ecléctica y animada con una excelente colección de buenas lecturas, juegos de mesa y libros infantiles. *10.00-19.00*

11th Street Records

51 F5

Impresionante colección de vinilos. En la parte trasera tiene un famoso estudio de grabación y sala de conciertos. *11.00-17.00 do y vi, hasta 19.00 mi y sa*

Ropa

Las Vegas North Premium Outlets

52 A6

El mayor centro comercial *outlet* de Las Vegas reúne 175 marcas de alta gama y otras más informales. *10.00-21.00 lu y ma, hasta 20.00 mi y do, 6.00-22.00 vi, 9.00-21.00 sa*

Buffalo Exchange

53 B8

Mejor que los típicos emporios *vintage,* esta cadena de segunda mano tiene ropa de fiesta, deportiva y de diseño, y una amplia oferta en vaqueros. *11.00-20.00 lu-sa, hasta 19.00 do*

Good Wolf Lifestyle Co

54 A8

Prendas de moda, artículos para el hogar y otros complementos. *11.00-18.00 lu-mi, hasta 19.00 sa, 12.00-17.00 do*

★ MERECE LA PENA

Gran Cañón

El Gran Cañón se extiende por la meseta del río Colorado a lo largo de 445 km, revelando secretos geológicos en espectaculares capas multicolor. Es un lienzo tan magnífico que realmente impresiona. Además, su compendio de terrenos accidentados es perfecto para aventuras al aire libre.

CÓMO LLEGAR
Desde Las Vegas se llega por carretera en 4½ h hasta el South Rim o el North Rim. También se puede llegar en excursiones guiadas, en los autobuses de Greyhound e incluso en helicóptero.

Escanea este código QR para más información.

Por qué ir

El Gran Cañón cumple todas las expectativas: su inmensidad, su grandeza, su belleza y su antigüedad son superlativas. En su fondo, la capa del Esquisto de Vishnu, de unos 2000 millones de años, es una de las rocas expuestas más antiguas del planeta. La desnudó el río Colorado, que lleva excavando el cañón seis millones de años.

Actividades

En el Grand Canyon National Park se puede descender a las profundidades del cañón, pasear por su borde o relajarse en un afloramiento en el North Rim o el South Rim. Aunque las vistas desde ambos bordes son igual de impresionantes, el South Rim cuenta con más miradores oficiales.

Para empezar

Si es la primera visita y se entra desde el South Rim, hay que estacionar el coche en el centro de visitantes y dirigirse a **Mather Point** para contemplar el cañón en todo su esplendor. Es una experiencia difícil de olvidar. En torno al centro de visitantes, tablones y quioscos muestran información sobre los programas de los guardabosques, el tiempo y las visitas. También hay útiles resúmenes

PAT TR/SHUTTERSTOCK

de los senderos. El centro cuenta con un mostrador de información atendido por guardabosques, una sala de conferencias y una de cine donde se proyecta el documental *Grand Canyon: A Journey of Wonder,* sobre la geología, historia, flora y fauna del parque, y *We Are Grand Canyon,* una bienvenida de 24 min de las 11 comunidades indígenas de la región. El centro de visitantes es el punto de partida de la ruta por el Rim Trail que recorre el **Grand Canyon Village Historic District** *(grandcanyonlodges.com/historic-village),* con información sobre la historia y geología del parque.

Senderos Bright Angel y South Kaibab

El **Bright Angel Trail** ofrece un paisaje espectacular, con un descenso de 12,6 km hasta el río Colorado. Aunque es empinado, los tramos largos serpentean sin desniveles por el borde de la gar-

UNA PAUSA
El **Tovar Dining Room** *(grandcanyonlodges.com/dine/el-tovar-dining-room-and-lounge),* con enormes ventanales con vistas del cañón, sirven cócteles en el porche y la mejor gastronomía del parque en su comedor.

TARIFA DE ENTRADA
La entrada al parque es de 35 US$/vehículo y 20 US$/ persona, ya se llegue a pie, en bicicleta, autobús o balsa. Es válida durante siete días.

ganta, así que es excelente para familias. Se puede dar la vuelta en uno de los dos albergues (4,8 km o 9,7 km i/v) o retomar el sendero al día siguiente para hacer caminatas más largas, hasta Indian Garden y Plateau Point (14,8 km y 19,6 km i/v).

El **South Kaibab Trail** (foto) combina paisajes impresionantes de 360º. Empinado, accidentado y totalmente expuesto, este descenso por la cresta cae en picado 1362 m a lo largo de 10,3 km hasta el río Colorado. Dibuja curvas cerradas, flanqueadas por una pared de caliza, antes de llegar al Ooh Aah Point a 1,4 km. Si se dispone de más tiempo, se puede continuar hasta Cedar Ridge, a 2,25 km. Además de las extensas vistas del cañón, hay letrinas y un merendero-mirador, aunque casi sin sombra.

THOMAS BLANCK/SHUTTERSTOCK

Hermit Road

Con nueve increíbles miradores y prácticamente paralela al borde, **Hermit Road,** de 11 km, se extiende al oeste desde el Grand Canyon Village Historic District hasta Hermit's Rest. Diseñado por Mary Colter en 1913, el bajo edificio de piedra de Hermits Rest es el mirador panorámico más occidental del South Rim, con refrigerios, baños y una pequeña tienda de regalos. Es accesible todo el año en bicicleta, autobús turístico y a pie por el Rim Trail. Los vehículos privados solo pueden circular de diciembre a febrero. Del 1 de marzo al 30 de noviembre, una lanzadera del parque recorre todos los miradores. Una de las mejores formas de disfrutar de Hermit Rd es en bicicleta; se pueden alquilar en Bright Angel Bicycles. También se puede bajar en una de las paradas de la lanzadera y caminar hasta la siguiente.

Paseos en mula

Las excursiones en mula al fondo del cañón son toda una tradición: desde hace más de 100 años se ofrecen estas rutas a lomos de acémila que duran 1-2 h. En el South Rim, los **paseos en mula** *(grandcanyonlodges.com/plan/mule-rides; 185 US$/ persona)* siguen el Bright Angel Trail desde el South Rim (un recorrido accidentado de 16 km con grandes vistas) hasta Phantom Ranch, al norte del río Colorado. Tras una o dos noches, se preparan para un ascenso de 12,9 km por el South Kaibab Trail. Hay que reservar con al menos un año de antelación.

Canyon Trail Rides *(canyonrides.com; desde 60 US$/ persona),* una empresa familiar, ofrece recorridos de 1-3 h por el North Rim. El de 1 h atraviesa el bosque hasta un mirador. El de 3 h incluye el North Kaibab Trail hasta el túnel de Supai (no llega al río Colorado) y una excursión hasta el Uncle Jim's Point por el Ken Patrick Trail. Las excursiones por el North Rim están disponibles de mediados de mayo a mediados de octubre.

RAÍCES INDÍGENAS

Once etnias tienen vínculos históricos y culturales con el Gran Cañón, y el parque está visibilizando estas conexiones mediante proyectos culturales, educativos y comerciales. El **Native American Artist Market** es un nuevo programa piloto del Tusayan Museum & Ruin, en East Rim Dr. También se organizan actividades culturales gratuitas cerca de la Desert View Watchtower.

FAUNA
La floreciente fauna del Gran Cañón es tan fascinante como su paisaje. Todo tipo de formas de vida se ha adaptado a las condiciones ambientales del parque, desde los frescos bosques del North Rim a la abrasadora garganta interior. Aquí viven 447 especies de aves, 91 de mamíferos, 17 de peces y 58 de reptiles y anfibios.

'Rafting' en el Gran Cañón

La emoción que se siente al salir de Lees Ferry, punto de partida oficial de los descensos en *rafting* por el Gran Cañón, entre las altísimas paredes rojas del Marble Canyon, es difícil de olvidar. Se surcan luego 160 rápidos antes de acampar bajo las estrellas y remar por las aguas turquesas del Little Colorado, con paradas para hacer caminatas por los misteriosos *slot canyons,* estrechos y profundos cañones esculpidos por el agua, todo ello sin apenas comunicación con el mundo exterior. Una semana de *rafting* por el Colorado es una aventura que vale la pena. Solo hay que decidir el número de días, el punto de inicio y final, y el tipo de embarcación (bote, barca de *rafting,* barca de palas o pontón a motor). Las últimas son las únicas que pueden recorrer los 445 km del cañón en una semana. Hay 15 empresas oficiales que ofrecen esta aventura, disponibles en la web del parque.

Grand Canyon Lodge

Aunque se haya caminado por todos los senderos del parque y visitado todos los miradores, sentarse en la terraza del **Grand Canyon Lodge** (foto; *grandcanyonnorth.com)* a la puesta de sol con una cerveza en la mano bien podría ser el recuerdo favorito del North Rim.

Construido con madera, piedra y vidrio, el alojamiento está inscrito en el Registro Nacional de Lugares Históricos, y no ha cambiado mucho desde que se terminó en 1937. Destacan su terraza acristalada de 15 m, un espacioso comedor junto al cañón con vistas panorámicas. Para tomar una cerveza o un cócteles, o un café por la mañana, hay que ir al Roughrider Saloon. Adornado con recuerdos del presidente Theodore Roosevelt, rinde homenaje a su papel en la creación del parque.

JAMES ORNDORF/SHUTTERSTOCK

Otros alojamientos

En el parque hay desde alojamientos históricos hasta cabañas rústicas pasando por moteles estándar. En todos ellos hay que reservar con antelación. También hay *campings* acondicionados y zonas de acampada sin servicios donde se puede extender el saco bajo las estrellas y disfrutar de un inolvidable amanecer en la base del cañón. Hay numerosos alojamientos en las poblaciones cercanas.

TRASLADOS
Autobuses lanzadera gratuitos recorren tres rutas a lo largo del South Rim. Pasan cada 15-30 min. El horario depende de la ruta y época del año.

★ MERECE LA PENA

Presa Hoover y lago Mead

La presa Hoover, construida en la década de 1930 para aprovechar el caudaloso río Colorado, es una maravilla de la ingeniería y la arquitectura. Asegura el suministro de agua potable al sur de California a la vez que genera energía hidroeléctrica. La presa también creó el lago Mead, con un perímetro de 1126 km.

CÓMO LLEGAR
La presa Hoover está 77 km al sureste de Las Vegas, 40 min en coche desde el Strip. Hay circuitos organizados de un día desde la ciudad.

Escanea este código QR para horarios e información sobre entradas.

Visitar la presa

Una visita a la presa permite entender cómo fue construida por 21 000 hombres en el apogeo de la Gran Depresión y cómo el cambio climático amenaza con reducir su funcionalidad. Pero antes hay que cruzar en coche la presa hacia Arizona para disfrutar de las mejores vistas de la enorme construcción. Otro mirador impresionante está en el lado de Nevada, donde una pasarela de diseño accesible, aunque cuesta arriba, conduce a una plataforma junto al puente Mike O'Callaghan-Pat Tillman. Hay que agarrarse fuerte al pasamanos si hace viento; no es apto para personas con vértigo.

Circuitos por la presa

Las visitas guiadas comienzan en el **aparcamiento y centro de visitantes de la presa Hoover,** que inauguró un nuevo y elegante centro de exposiciones en febrero del 2025. La **visita a la presa** *(30 US$, 1 h)* explora túneles históricos, pasa por el río Colorado a través de un conducto de ventilación y sube en ascensor hasta lo más alto. Mientras, la **visita a la central eléctrica** *(15 US$)*, más corta, solo se adentra en los túneles y en la propia central.

IMAGEBROKER.COM/SHUTTERSTOCK

Boulder City/Hoover Dam Museum

En Boulder City se puede visitar el pequeño pero interesante **Boulder City/Hoover Dam Museum** *(bchdmuseum.org; gratis)*, que se centra en la Gran Depresión y las duras condiciones de vida en la ciudad mientras se construía la presa. En las obras de construcción murieron 96 personas.

Aventuras al aire libre

En el Hemenway Park de Boulder City, los musmones que viven en las cercanas colinas rocosas acuden a pastar hierba y tréboles. En los alrededores hay numerosas rutas de senderismo con miradores panorámicos, como el Historic Railroad Trail.

En la base de la presa, un sitio ideal para hacer fotos, **Hoover Dam Rafting Adventures** *(hooverdamraftingadventures.com)* fleta balsas inflables a motor para recorrer el pintoresco Black

UNA PAUSA
Se puede parar en Boulder City, en una cafetería clásica como **Coffee Cup Cafe** o tomar un bocadillo y una copa de vino en el animado **Milo's Cellar.**

TARIFA DE ENTRADA
La entrada a la Lake Mead National Recreation Area cuesta 25 US$/ vehículo y 15 US$/ciclistas o peatones. No se acepta efectivo.

Canyon, que pasan por escarpados precipicios y aguas termales. En el **All-Day Trip** *(adultos/niños 125/110 US$)* incluye un chapuzón en el agua fresca. El **Postcard Tour** *(adultos/niños 69/49 US$, 1½ h)* recorre un tramo corto río abajo desde la presa. Otra opción es remar en kayak por el cañón con **Blazin' Paddles** *(blazinpaddles.com; desde 149 US$)*.

Lake Mead National Recreation Area

La primera y mayor zona recreativa nacional de EE UU abarca la asombrosa superficie de 6070 km², incluidos dos embalses, los lagos Mead (foto) y Mohave, así como 1207 km de litoral. En los lagos se puede nadar, pasear en barco, hacer senderismo por las orillas y un pueblo fantasma sumergido.

LIT3RD/SHUTTERSTOCK

Circuitos por el lago Mead

Unos 6,5 km al oeste de la presa Hoover, el **centro de visitantes del lago Mead** *(nps.gov/lake)* aporta abundante información sobre la región. **Lake Mead Cruises** *(lakemeadcruises.com)* organiza populares cruceros con *brunch* y cena a bordo de un barco de palas al estilo del Misisipi. También se pueden alquila botes y motos acuáticas.

Lakeshore Rd serpentea hacia el norte a través de un paisaje rocoso. Varios miradores a lo largo del camino ofrecen vistas del lago, que va menguando; el gran anillo blanco entre la marca del nivel del agua y la colorida roca ilustra cómo ha bajado el nivel del agua en las dos últimas décadas.

Senderismo y ciclismo por el lago Mead

Los amantes de las actividades al aire libre disfrutarán caminando o pedaleando por el cercano **Historic Railroad Tunnel Trail.** Construido para transportar materiales durante la edificación de la presa, el sendero atraviesa cinco túneles en un recorrido de apenas 13 km (i/v). Si se tiene experiencia en escalda, es posible bajar al río por el Goldstrike Hot Springs Trail, que desciende 183 m por un estrecho cañón con cuerdas fijadas a las paredes de roca en los puntos más empinados. Está cerrado del 15 de mayo al 30 de septiembre debido al calor extremo.

St Thomas Ghost Town

A unos 92 km hay un desvío a la derecha hacia la St Thomas Ghost Town; luego hay que seguir por una carretera llena de baches unos 5 km. Tras él, desde unos puestos de información parte un sendero desértico de 4 km que conduce a los restos de la población anegada por la creación del lago Mead tras la construcción de la presa Hoover. Sumergidos bajo 18 m de agua durante casi ocho décadas, los cimientos y paredes de algunos de los edificios se pueden apreciar ahora cuando baja el nivel del agua. No hay cobertura móvil.

CONDICIONES CAMBIANTES

El clima es árido y desértico en esta zona. En los últimos 20 años el sur de Nevada ha sufrido una grave sequía. La producción hidroeléctrica de la presa se ha reducido significativamente y el nivel del agua del lago Mead ha bajado 52 m. Los expertos estiman que se necesitarían años de grandes nevadas para revertir esta tendencia.

★ MERECE LA PENA

Death Valley National Park

Pese a su inquietante nombre, los vastos paisajes desérticos del Valle de la Muerte están llenos de maravillas geológicas, desde la colcha de salinas de la cuenca de Badwater hasta los sorprendentes colores de Artists Palette, las dunas de arena moldeadas por el viento y los suaves y estrechos cañones con paredes de mármol.

CÓMO LLEGAR
El parque está a 2 h en coche de Las Vegas. Lo mejor es ir en vehículo propio. Algunas agencias ofrecen excursiones de un día desde Las Vegas.

Escanea este código QR para más información sobre el parque nacional.

Una tierra de extremos

Hogar de los indígenas timbisha shoshone, el Death Valley National Park es el mayor de EE UU, excluyendo Alaska. Alberga el punto más bajo de Norteamérica, la cuenca de Badwater (86 m bajo el nivel del mar). Su punto más alto es el Telescope Peak (3368 m). También ostenta la mayor temperatura jamás registrada: la pequeña localidad de Furnace Creek alcanzó los 53°C en el 2022. Es también el más seco de los parques nacionales de EE UU.

Actividades

El parque permite recorrer coloridos cañones, explorar salinas, recorrer dunas y contemplar impresionantes paisajes desérticos. Los pintorescos recorridos muestran algunas de las características más impactantes del parque, y la observación de estrellas y la fauna salvaje aumentan su atractivo.

Centro de visitantes de Furnace Creek

El moderno **centro de visitantes** cuenta con exposiciones sobre el ecosistema del parque y las tribus indígenas, así como una tienda de regalos, baños, wifi, y guardabosques que ayudan a planificar el día. No hay que perderse la película de 20 min. Consúltese el programa para ver las actividades guiadas por guardabosques.

BRESTER IRINA/SHUTTERSTOCK

Cuenca de Badwater

Unos 27 km al sur de Furnace Creek se encuentra el mayor punto de interés del parque, la **cuenca de Badwater.** El punto más bajo de Norteamérica es un paisaje de belleza inquietante, con salinas y una pasarela sobre el lecho de agua salada y mineralizada en constante evaporación. Es un lugar perfecto para dar un breve paseo y tomar fotos. A principios del 2024, unas lluvias inusualmente intensas crearon un vasto lago efímero en la cuenca, cuyas aguas atrajeron a aficionados al kayak y al surf de remo.

Zabriskie Point

A primera hora de la mañana es el mejor momento para visitar **Zabriskie Point** (foto) y disfrutar de vistas espectaculares de las doradas tierras baldías en las que la erosión ha formado olas, pliegues y barrancos. El lugar recibió su nombre en honor a un gerente de la Pacific Coast Borax

UNA PAUSA
El **Inn Dining Room,** en el hotel Oasis at Death Valley, ofrece buena comida con vistas espectaculares de la cordillera Panamint. Es imprescindible reservar para cenar.

GUARDABOSQUES JUVENILES
Los niños pueden obtener una insignia de guardabosques al completar las tareas y actividades descritas en el folleto Junior Ranger Activity Booklet, disponible en el centro de visitantes de Furnace Creek.

Company e inspiró el título de la conocida película de Michelangelo Antonioni. La foto de la portada del álbum *Joshua Tree* de U2 se tomó aquí.

Dunas de Mesquite Flat

Las **dunas** más accesibles (foto) del valle son un mar de arena con elegantes curvas que se eleva hasta 30 m cerca de la carretera al este de Stovepipe Wells Village. Son más fotogénicas al amanecer o al atardecer, cuando las baña una luz tenue que crea profundas sombras. Hay que estar atento a las huellas de animales. Las noches de luna llena son mágicas.

Dante's View

A 1669 m de altura, las **vistas** de la cuenca sur del valle desde las Black Mountains son especta-

LMK PHOTOGRAPHY/GETTY IMAGES

culares, especialmente al amanecer o al atardecer. En días muy despejados, se pueden ver simultáneamente el punto más alto (monte Whitney) y el más bajo (Badwater) de EE UU, excluido Alaska.

Artists Drive

Unos 16 km al sur de Furnace Creek está el desvío a Artists Drive, una carretera de 14 km y un solo sentido que ofrece sorpresas en cada curva. A unos 8 km se pasa por la principal atracción, Artists Palette, donde los metales oxidados tiñen las montañas de tonos que van del rosa al verde pasando por el morado; alcanzan su máximo esplendor al atardecer. La carretera está bien asfaltada, pero es sinuosa, con subidas y bajadas.

Comunidad indígena

Los timbisha shoshones vivieron en la cordillera Panamint durante siglos, y visitaba el valle en invierno para recolectar, cazar, pescar y cultivar pequeñas chacras de maíz, calabaza y frijoles. Tras la creación del Death Valley National Monument por el Gobierno en 1933, se vieron obligados a desplazarse varias veces y finalmente quedaron confinados en una zona de 16 Ha. Años de protestas consiguieron que el presidente Bill Clinton firmara la Timbisha Shoshone Homeland Act en el 2000, que devolvía 3035 Ha a la tribu y creaba la primera reserva indígena dentro de un parque nacional de EE UU. Hoy, unas docenas de ellos vive en una comunidad cercana a Furnace Creek.

Dónde alojarse

Hay muchos lugares de acampada, pero el más popular es el Furnace Creek Campground, en el centro del parque (se recomienda reservar de octubre a abril). El Panamint Springs Resort ofrece cómodas habitaciones rústicas, restaurante y bar. La opción más sofisticada es Oasis at Death Valley, un hotel histórico de 1927 remodelado.

SEGURIDAD

Conviene llevar al menos 4 l de agua por persona y día, y llenar el depósito de gasolina antes de partir. Es mejor caminar antes de las 10.00 y después de las 16.00 durante los meses más calurosos, e ir preparado para temperaturas bajas al anochecer. Hay que estar atento a los avisos de inundaciones y recordar que la cobertura es irregular, en el mejor de los casos.

WELCOME
TO Fabulous
LAS VEGAS
NEVADA

Guía práctica

El icónico cartel de "Welcome to Fabulous Las Vegas" (p. 84).
SEAN PAVONE/SHUTTERSTOCK

Viajar en familia

A primera vista, Las Vegas puede no parecer un destino para niños, pero cada vez más familias visitan la ciudad: sus eventos deportivos y experiencias inmersivas no tienen edad.

Experiencias educativas

Las Vegas ofrece excelentes oportunidades de aprendizaje. Visitantes de todas las edades aprenden sobre la historia de la zona en la **Springs Preserve (p. 118)**, que también alberga el **Nevada State Museum (p. 119)**. A los niños en particular les encanta el interactivo **Discovery Children's Museum** (p. 145), en el Symphony Park.

MÁS FAMILIAR

Casi el 16% de los visitantes de Las Vegas en el 2023 incluía a un menor de 21 años, según datos oficiales.

Escanea este código QR para ver qué los atrae.

Comer fuera

Es mejor evitar los lujosos restaurantes del Strip con niños; es mejor buscar zonas de restauración y bufés, que a veces tienen descuentos para niños. El menú infantil de **Topgolf** (p. 86) ofrece *pizza* o bocaditos de pollo por menos de 10 US$ (bebida incluida). Luego se puede pasar por la mayor fuente de chocolate del mundo en **Bellagio Patisserie** (p. 52).

Elegir espectáculos

Casi todos los espectáculos del **Cirque du Soleil** son geniales para niños. Eso sí, no hay que llevarlos a *Mad Apple*, y menos aún a *Spiegelworld*.

Descuentos y transporte gratuito

Casi todas las atracciones familiares ofrecen tarifas con descuento para niños, y en el transporte público los niños pequeños viajan gratis.

Cómo desplazarse

El Strip es relativamente apto para cochecitos de bebé, con aceras y pasarelas elevadas protegidas, y el Monorail es estupendo para familias. Los autobuses Deuce pueden ser útiles, aunque puede ser complicado subir y bajar.

DESDE LA IZDA.: BRENT HOFACKER/SHUTTERSTOCK, NEW AFRICA/SHUTTERSTOCK

Alojamiento

Se dice que Las Vegas tiene más habitaciones de hotel que cualquier otra ciudad, más de 150 000. A continuación, algunas sugerencias para alojarse.

Si te gusta...

Acción y juego

Strip (p. 45) Epicentro del ocio, la alta cocina, el lujo y las brillantes luces de neón. Aquí no hay opción de aburrirse.

Viejo Las Vegas y las compras 'vintage'

Downtown (p. 131) El antídoto del Strip, repleto de museos interesantes y tiendas locales, pero también con una vida nocturna bastante animada.

IMPRESCINDIBLE

Nos encanta...

Downtown (p. 131) Si se busca historia, cultura, ocio y precios accesibles, Downtown es ideal. En el corazón del barrio, Fremont Street Experience mantiene la animación, y abundan los museos, los restaurantes y las coctelerías. Aunque se prefiera el Strip, se pueden pasar aquí unas horas.

Ambiente local y bares gais

Este del Strip (p. 101) Buena relación calidad-precio en un barrio extenso, a poca distancia de un animado distrito de vida nocturna LGTBIQ+ y de un encantador centro comercial.

Casinos fuera del Strip y comida asiática

Oeste del Strip (p. 115) Los precios suelen ser más bajos, las habitaciones más grandes y los restaurantes de Chinatown son muy atractivos. Es un buen sitio para visitar la Springs Preserve.

Paisajes desérticos y tranquilidad

Red Rock Canyon National Conservation Area (p. 128) Acampar o alojarse cerca de los casinos de Summerlin permite practicar senderismo y ciclismo en el paisaje más cautivador de la región.

CUÁNTO CUESTA

habitación básica de hotel **desde 50 US$**

hotel de precio medio **desde 75 US$**

suite de lujo **desde 200 US$**

Comida, bebida y fiesta

Alergias e intolerancias

Los restaurantes de Las Vegas ofrecen menús adaptables y personal atento. Muchos establecimientos enumeran en la carta los alérgenos, como gluten o frutos secos, y ofrecen opciones alternativas. Los locales de lujo suelen ofrecer atención personalizada, mientras que los restaurantes de cadena siguen estrictos protocolos. Solo hay que informar al camarero sobre las necesidades específicas.

MÁS ALLÁ DE LA COMIDA

Las Vegas eleva la gastronomía a otro nivel, ofreciendo atracciones como **BLACKOUT Dining in the Dark** (p. 127), y **Xpot** (p. 98), una experiencia multisensorial de *hotpot* con efectos visuales y camareros robóticos.

FUERA DE CARTA

Muchos restaurantes ofrecen platos o especialidades fuera de carta. No hay que dudar en pedirle al camarero recomendaciones de platos especiales, que suelen mostrar la creatividad del chef y darle un toque memorable a la comida.

Cenar tarde

Muchos restaurantes ofrecen menús de precio fijo con descuento o *happy hours* nocturnas, especialmente en el Strip. Cenar fuera de la hora punta suele suponer más tranquilidad y ofertas en comidas de gran calidad, ideal para noctámbulos o para quienes disfrutan de espectáculos nocturnos.

Pagar la cuenta

El camarero no trae la cuenta automáticamente. Hay que indicar educadamente: "Check, please".

Muchos restaurantes permiten dividir la cuenta, pero algunos solo a partes iguales. Hay que avisar antes de pedir.

Suelen aceptarse tarjetas de crédito, pero hay locales pequeños que prefieren efectivo. Conviene revisar bien la cuenta, sobre todo en grupos grandes.

Las propinas estándar son del 15-20%. Puede que se añada automáticamente a la cuenta, sobre todo para grupos de seis o más personas, pero se puede añadir un pequeño extra.

PRECIOS

Los siguientes rangos se refieren al precio medio de un plato principal.

**$** Menos de 15 US$
**$$** 15-30 US$
**$$$** 30 US$ o más

HORARIOS

Cafés Generalmente 7.00-17.00
Restaurantes Generalmente almuerzo 11.00-14.00, cena 17.00-22.00
Bares Generalmente 17.00-3.00

Salir

Vestirse para matar Cuanto mejor vestido se vaya, más fácil será entrar al club que se desee.

Evitar las colas reservando con un promotor del club. Suelen estar en el casino de su hotel o resort y reparten pases de entrada rápida y bebidas gratis, sobre todo a mujeres bien vestidas.

Preguntar al conserje del hotel por sugerencias de clubes; quizá tenga pases gratuitos.

En restaurantes-discoteca como **Hakkasan** (p. 98) y **Tao** en el Venetian, reservar para cenar puede incluir estar en la lista de invitados e incluso eximir de pagar la entrada.

Si se quiere derrochar, puede contratarse el servicio de botella. Es caro, pero suele eximir del pago de la entrada (y de hacer cola) a todo el grupo, y permite reservar una mesa.

CUÁNTO CUESTA

Café
6 US$

Porción de 'pizza'
7 US$

Cóctel de gambas
15 US$

Cóctel
15 US$

Plato principal en zona de restauración
15 US$

Bufé exclusivo
75 US$

Filete de 'wagyu' australiano de 1,5 kg en un maletín de diamantes
1000 US$

SEREGAM/SHUTTERSTOCK

Comunidad LGTBIQ+

Una animada vida nocturna, espectáculos de *drag* y un ambiente inclusivo hacen de Las Vegas un destino acogedor para todos los géneros y sexualidades.

Las Vegas apta para gais

Aunque la orientación sexual no suele importarle a casi nadie en Las Vegas, a veces puede ser un tema peliagudo. Casi toda la gente que se conoce no es autóctona y muchos visitantes llegan de lugares donde la homosexualidad no está tan aceptada. Para ser claros: Las Vegas es un lugar donde uno puede ser quien es e, incluso, quien desearía ser, pero, como en muchos lugares, no hay que sorprenderse si alguien reacciona con mala educación a un comportamiento llamativo. Por otro lado, es posible hacer nuevos amigos muy rápido.

IMPRESCINDIBLE

El Fruit Loop

Apenas 1,5 km al este del Strip, el tramo de Paradise Rd entre Virgin Hotels y la Universidad de Nevada Las Vegas se conoce cariñosamente como **Fruit Loop** (p. 108). Hay una fuerte presencia gay en sus bares y clubes, aunque en todas partes acogen a todo tipo de clientes.

EVENTOS

Los eventos del calendario LGTBIQ+ de Las Vegas incluyen **Las Vegas Pride,** celebración de dos días en octubre, y **Smokeout,** un festival de cuatro días en abril con mucho cuero, motociclistas y osos.

'BRUNCH DRAG'

El mejor *brunch drag* de Las Vegas se celebra todos los domingos en **Gipsy** (p. 113), una institución que se remonta a la década de 1970.

Recursos

• **qvegas.com** Fundada en 1978, QVegas es la publicación LGTBIQ+ más antigua de Nevada. Está disponible tanto en línea como impresa. • **gayvegas.com** Otra buena revista disponible tanto en línea como impresa. • **thecenterlv.org** El Centro LGTBQ del sur de Nevada ofrece información, servicios, apoyo y defensa.

NEW AFRICA/SHUTTERSTOCK

Salud y seguridad

Las Vegas ofrece diversión a raudales, pero hay que estar atento a la seguridad. Hay que hidratarse, protegerse del calor y respetar las leyes locales.

AGUA DEL GRIFO

El agua del grifo proviene principalmente del lago Mead y es segura. Sin embargo, su alto contenido en minerales afecta al sabor, así que muchos residentes y visitantes prefieren agua embotellada o filtrada. Conviene llevar una botella reutilizable.

Combatir el calor

El intenso clima desértico de Las Vegas es la principal preocupación en términos de salud. Hay que hidratarse, especialmente en verano, cuando las temperaturas pueden alcanzar los 48°C, y usar protector solar, sombrero y ropa ligera para evitar quemaduras. Los golpes de calor también son un riesgo; hay que ir por la sombra. Caminar largas distancias en el Strip puede ser agotador. Se debe llevar calzado cómodo y, si se consume alcohol, beber agua de vez en cuando. Hay que priorizar el descanso y la moderación para disfrutar plenamente de Las Vegas.

Consejo de transporte

No se permiten bebidas alcohólicas en el transporte público.

Leyes sobre marihuana

Para los mayores de 21 años, en Nevada es legal la compra y posesión de hasta 28 gr de marihuana para uso personal, pero no consumirla en público (esto incluye el Strip, casinos y habitaciones de hotel). Hay varias salas de consumo en la ciudad.

SEGURO DE SALUD

Se aconseja contratar una póliza completa: en Las Vegas realmente pueden ocurrir accidentes.

A TENER EN CUENTA

Carteristas
Hay que tener cuidado en zonas concurridas como el Strip y Fremont Street Experience.

Objetos de valor
Se debe utilizar la caja fuerte de la habitación del hotel y no descuidar nunca los objetos de valor, sobre todo mientras se juega.

Cajeros automáticos
Cuidado al usar los cajeros; hay que elegir lugares seguros e iluminados.

Turismo responsable

He aquí consejos para dejar una huella más ligera, apoyar a los lugareños y tener un impacto positivo en las comunidades.

Alojamiento

Conviene alojarse en hoteles con certificación LEED como **Aria, Vdara, Resorts World, Palazzo, Venetian** y **MGM Grand.** Estos resorts tienen sistemas de eficiencia energética, prácticas de conservación del agua y materiales de construcción sostenibles.

El **Mandalay Bay** y el **Wynn Las Vegas** instalaron paneles solares en sus azoteas para generar energía renovable. Cabe mencionar que la cadena **MGM Resorts** ha ampliado sus iniciativas de energía solar en todos sus alojamientos.

IMPRESCINDIBLE

Neon Museum

Este **museo** (p. 144) conserva carteles icónicos de Las Vegas, que hacen las veces de exposición educativa sobre la historia de la ciudad. Sus ganancias ayudan a financiar proyectos de restauración y a apoyar a artistas locales.

Cómo desplazarse

Se puede reducir la huella de carbono usando bicicletas compartidas o alquilando un vehículo eléctrico o híbrido; hay muchas estaciones de carga en la ciudad.

USA-PYON/SHUTTERSTOCK

Opciones para comer

Se recomienda comer en cafés y restaurantes que se centren en ingredientes ecológicos y de proximidad, y que ofrezcan opciones de origen vegetal. Además, hay que buscar lugares (como **Superfrico;** p. 65) que prioricen prácticas responsables, como envases ecológicos y reducción de residuos. Elíjase con cuidado en los bufés libres para reducir el desperdicio de alimentos.

Recursos

- **lasvegasnevada.gov/Government/Initiatives/Sustainability/Sustainability-Resources** Recursos de sostenibilidad de la ciudad de Las Vegas.
- **impact-nv.org** La ONG Impact Nevada tiene como fin hacer que el estado sea más sostenible medioambiental, económica y socialmente.

APOYO AL RECICLAJE

Muchos restaurantes y atracciones de Las Vegas se centran en reducir los residuos ofreciendo vasos, recipientes y utensilios reutilizables. Los visitantes pueden apoyar estas iniciativas eligiendo opciones ecológicas y participando en programas de reciclaje.

Ahorrar agua

Los viajeros pueden apoyar las iniciativas de sostenibilidad eligiendo negocios que prioricen la conservación de agua. Muchos hoteles y casinos han implementado medidas de ahorro como duchas de bajo consumo, sistemas de lavandería eficientes y paisajismo adaptado a la sequía. Por ejemplo, las **fuentes del Bellagio** (p. 48) cuentan con un sistema sostenible que recicla y reutiliza el agua, reduciendo el consumo en millones de litros al año. La **Springs Preserve** (p. 118) utiliza plantas resistentes que reducen la necesidad de riego y cuenta con sistemas que consumen menos agua.

VOLUNTARIADO

Varias organizaciones locales ayudan a los habitantes necesitados del sur de Nevada. Se puede hacer voluntariado ayudando en bancos de alimentos empaquetando comida o distribuyendo alimentos. En **volunteermatch.org** hay información sobre dónde ayudar.

El cambio climático y los viajes

Es imposible ignorar el impacto de nuestros viajes y la importancia de hacer cambios. Lonely Planet anima a todos los viajeros a involucrarse en su huella de carbono. Muchas webs de líneas aéreas y sitios de reservas ofrecen la opción de compensar el impacto de los gases de efecto invernadero realizando donaciones para iniciativas respetuosas con el clima en todo el mundo.

La **calculadora de la huella carbono de la ONU** muestra el impacto de volar en las emisiones.

La **calculadora de emisiones de carbono de la OACI** permite analizar el CO_2 generado en sus viajes.

Accesibilidad

Las Vegas accesible

Según la Ley de Estadounidenses con Discapacidades (ADA por sus siglas en inglés) Las Vegas es la ciudad estadounidense con mayor cantidad de habitaciones accesibles. Casi todas las atracciones son accesibles para sillas de ruedas. Hay asientos para sillas de ruedas disponibles y se ofrecen dispositivos de ayuda auditiva en casi todas las exposiciones. La mayor parte del transporte público y varias piscinas cuentan con ascensor. Por ley, todas las compañías de taxis deben tener una furgoneta accesible.

Otros aspectos

Se admiten perros guía en restaurantes y hoteles, y el personal está formado para ayudar. Algunos locales usan braille, y casi todos los bancos tienen cajeros automáticos con instrucciones en braille y conectores para auriculares. Los hoteles pueden ayudar con alquiler de equipo médico y neveras para los medicamentos.

IMPRESCINDIBLE

La noria **High Roller** (p. 61) en el LINQ Promenade, una de las mejores atracciones de Las Vegas, cuenta con cabinas totalmente accesibles con rampas, elevadores hidráulicos y espacio para sillas de ruedas, y su diseño facilita el acceso y la salida. El personal está capacitado para ayudar a los visitantes con necesidades, y hay un baño accesible al que se puede acceder en ascensor. Además, ofrece vistas impresionantes de la ciudad.

OBSTÁCULOS AL AIRE LIBRE

Zonas concurridas como el Strip y Fremont Street Experience pueden dificultar el desplazamiento en silla de ruedas, especialmente en hora punta. Además, el calor extremo puede suponer un desafío.

Obstáculos en los resorts

Algunos complejos turísticos antiguos pueden presentar desafíos para los visitantes con movilidad reducida, como pasillos estrechos, rampas empinadas o ascensores obsoletos y poco accesibles.

OBSTÁCULOS EN EL TRANSPORTE PÚBLICO

Aunque casi todas las opciones de transporte público en Las Vegas son accesibles para sillas de ruedas, a veces la disponibilidad de vehículos puede verse limitada. Los conserjes de los hoteles pueden encargarse de reservar.

Recursos

- El sitio web de **Las Vegas Convention and Visitors Authority** tiene una página útil dedicada a viajes accesibles: *vegasmeansbusiness.com/planning-tools/transportation/accessibility-for-travelers.*

Lo esencial

Horario comercial

Bancos 9.00-17.00 lu-vi

Restaurantes Horario variable, pero generalmente 11.00-14.00 almuerzo y 17.00-22.00 cena

Cafés Generalmente 7.00-17.00

Bares Generalmente 17.00-3.00

Casinos 24 h todo el año

Tiendas 10.00-21.00 (hasta 18.00 do), cerrado Navidad; hasta 23.00 en casinos

A TENER EN CUENTA

Hora local Hora del Pacífico (GMT/UTC -8 h)

Prefijo telefónico +702, +725

Emergencias 911

Población 660 930 hab.

ELECTRICIDAD

120V/60Hz

Fumar

Se permite fumar en muchos casinos, bares y zonas exteriores designadas, pero está prohibido en restaurantes, centros comerciales y hoteles sin casino. En caso de duda, es mejor preguntar antes. Si a alguien le molesta mucho el humo, mejor que no vaya a los casinos más antiguos.

Fiestas oficiales

El único día festivo en el que cierran las tiendas es Navidad.

Año Nuevo 1 de enero

Día de Martin Luther King Jr. Tercer lunes de enero

Día de los Presidentes Tercer lunes de febrero

Viernes Santo Viernes antes de Pascua en marzo/abril

Día de los Caídos Último lunes de mayo

Juneteenth 19 de junio (o el día laborable más cercano)

Día de la Independencia 4 de julio

Día del Trabajo Primer lunes de septiembre

Día de Nevada Último viernes de octubre

Día de los Veteranos 11 de noviembre

Día de acción de gracias Cuarto jueves de noviembre

Día de la Familia Viernes siguiente al cuarto jueves de noviembre

Navidad 25 de diciembre

Índice

Puntos de interés p. 000
Págs. de los planos **p. 000**

Véase también los subíndices:
Comer p. 178
Beber p. 179
Comprar p. 179

Comer

Beber

Comprar

La opinión del lector

Nos encanta escuchar a los viajeros, ya que con sus comentarios nos ayudan a mejorar nuestros libros. Podéis escribirnos a lonelyplanet.com/contact; leemos todos los mensajes y garantizamos que estos lleguen a los autores.

Nota: Es posible que algunos fragmentos de estos mensajes aparezcan en nuevas ediciones de las guías Lonely Planet, en la web o en productos digitales. Si preferís que vuestro contenido o nombre no sean publicados, por favor, indicadlo claramente. Para obtener una copia de nuestra política de privacidad, podéis visitar lonelyplanet.com/legal.

geoPlaneta
Av. Diagonal 662-664, 08034 Barcelona
www.geoplaneta.com – www.lonelyplanet.es

Lonely Planet Global Limited
Lonely Planet Global Limited, Digital Depot,
The Digital Hub, Dublín D08 TCV4, Irlanda
www.lonelyplanet.com
Contacta con Lonely Planet en: lonelyplanet.com/contact

Las Vegas de cerca
2ª edición en español – enero del 2026
Traducción de *Pocket Las Vegas*, 7ª edición – agosto del 2025

1ª edición en español - abril del 2018

Editorial Planeta, S.A.
Av. Diagonal 662-664, 7º. 08034 Barcelona (España)
Con la autorización para la edición en español de Lonely Planet Global Limited, Digital Depot,
The Digital Hub, Dublín, D08 TCV4, Irlanda

ISBN: 978-84-08-31124-9
Depósito legal: B. 16.506-2025
Impresión y encuadernación: Unigraf
Printed in Spain – Impreso en España